金一帖傳奇

金庆江 著

古吴轩出版社

第四批省名老中医药专家传承工作室建设项目资助

图书在版编目（CIP）数据

金一帖传奇 / 金庆江著. -- 苏州：古吴轩出版社，2022.12
ISBN 978-7-5546-2008-3

Ⅰ. ①金… Ⅱ. ①金… Ⅲ. ①金里千—传记 Ⅳ. ①K826.2

中国版本图书馆CIP数据核字(2022)第215927号

责任编辑：鲁林林
见习编辑：沈　雪
责任校对：戴玉婷
装帧设计：韩桂丽
责任照排：吴　静
插　　图：陶开俭

书　　名：金一帖传奇
著　　者：金庆江
出版发行：古吴轩出版社
地址：苏州市八达街118号苏州新闻大厦30F
电话：0512-65233679　　邮编：215123
印　　刷：苏州恒久印务有限公司
开　　本：889×1194　1/32
印　　张：8.25
字　　数：151千字
版　　次：2022年12月第1版
印　　次：2022年12月第1次印刷
书　　号：ISBN 978-7-5546-2008-3
定　　价：45.00元

《金一帖传奇》前言

家父金里千先生(1899—1985),名家驹,士材学派第十代弟子,已故江苏省名老中医。生前擅治伤寒与疑难病症,在苏昆一带素有“金一帖”的口碑。笔者自幼受到父亲行医影响,于1977年考入南京中医学院(今南京中医药大学),始继承家业。1987年我参编《苏州市老中医经验文集》一书,曾将父亲治疗晚期血吸虫病、肝硬化、腹水的经验予以整理介绍。2007年又将父亲历年的医学笔记、研究资料,以及教学心得编撰成《春常在室医验录》一书,由江苏科学技术出版社于2010年3月出版。近年来,我又仔细翻阅了父亲遗留的书札笔记,同时征集到很多流传于民间的父亲生前的医疗验案与趣事逸闻,越发认识到父亲的医疗生涯极富传奇色彩,他的医疗经验亦甚耐人寻味。于是萌生了为父亲著书立传的想法,并于2016年开始撰写《金一帖传奇》,历时三年稿成,供同道后学与中医爱好者参考。

金庆江

2019年10月29日

金里千先生简介

金里千先生出生于吴县甪直镇，名家驹，自幼天资聪慧，6岁入塾，读书过目不忘。在塾师陈归甥老秀才的指导下，学业日进，9岁时已能写作短篇论文。1911年辛亥革命后转入甫里小学，成绩优秀。曾与同学萧乃贞、严良才三人义结金兰，共商出洋求学。金里千因从小身体虚弱，常有眩晕毛病，又痛感祖父和母亲都因患疫病失治而早逝，志愿出洋学医，治病救人。

当时甪直镇上没有中学，金里千小学毕业后，其祖母不舍其远离，且又有亲友说："你岳父既是当地的名医，又是秀才，与其出洋求学，不如跟岳父学医。"金里千原本就怀着治病救人志向，亦放心不下孤苦祖母，于是放弃了出洋学医志向。自1914年开始，他师从岳父殷骏生先生学习中医，成为十材学派的第十代弟子。

殷骏生（1875—1927），名履科，少年入庠，乡闱不第，因而从其父殷子量业医。殷子量师从同邑顾桐君，顾桐君嗣父系角直名医顾少竺，顾少竺从苏州沈安伯学，沈安伯乃尤在泾小门人，尤氏又从马元仪学，马元仪师沈朗仲，沈朗仲之师即是明末吴中名医李士材（1588—1655）。因此从士材先师传至金里千，一脉相承已达十世。

拜师学医，通常要抄方三年，襄诊三年。六年期满，金里千便于1920年春在自家前宅开诊，诊所名曰“春常在室”。开业以后，金里千始终将“熟读、博览、精思、勤练”作为座右铭，认真治疗各种疑难病症。当时，影响人们生命健康的主要是急性感染性疾病，特别在江南水乡，温病、湿温、暑温的发病率较高，天花、白喉、疟疾等疫病也时有流行，而老百姓均习惯于统称之“伤寒证”。这些病证症情急重，甚则一朝一候，传变迅速，治疗刻不容缓。金里千处方每多一日一帖，甚而早夜易方。许多危重病症或迭治无望的病人往往被他一帖药挽回性命。由此金里千治疗“伤寒证”一帖药的事迹闻名于世，民间遂有“金一帖”的美誉。

金里千兴趣广泛，才艺出众。早年与叶圣陶、蔡元培、叶恭绰、滑田友、顾颉刚等都有深交，又曾与其堂弟金家凤一起为保护维修角直唐塑罗汉、筹建保圣寺而呼吁尽力。

金里千除了精研中医外，也常涉猎西医知识，还自学了拉丁文，能开西医处方。殷季达先生比金里千年长2岁，1915年考入清末状元张謇创办的南通医学院（今南通大学医学院），毕业后回乡从事西医，造诣颇深。金里千经常与之沟通异同，探讨利弊。所以金里千早期的医疗思路比较活跃，善于中西汇通，知己知彼，扬长避短，注重发挥中医药的优势以治疗疑难病症。

二十世纪二三十年代，是推动中医振兴发展的特殊时期，丁甘仁、何廉臣、曹炳章、张赞臣、张锡纯等一大批中医革新的领军人物涌现，开办中医学校，出版医学书刊，成立中医学会，盛况空前。当时，金里千正当年富力强，又生性活跃，精力充沛，经常关注中医药的发展动态。他曾为上海中医学会会员、医界春秋社社员、江苏全省中医联合会撰述员，并积极撰稿投寄《复兴中医》《中医杂志》《三三医报》等学术期刊，又与苏州名医顾允石先生结为知交，经常往来书函，切磋医理。

金里千认为，中药的商品化造成了医药分离的趋势，这是十分不利于病人及中医发展的。一方面，他认为中医必须向李时珍、孙思邈学习，精研中药，所以他经常亲自到乡间去采集草药，尤喜收集各种单方、验方和秘方，并加以整理和实验。他认为单方、验方和秘方药专力宏，针对性强，只要诊断明确，病情单纯，是为首选，用之往往效如鼓应桴。例如蟹壳、枸橘李治疗乳腺肿瘤，山甲、黄蜡丸治疗卵巢囊肿，鹅不食草治疗鼻炎，鲜鹅血治疗晚期血吸虫病，等等。这些简、便、廉、验的医疗方法，是金里千的治疗特色之一，特别受到广大患者欢迎和赞许。

另一方面，他认为医生也必须精研药剂，亲自监制丸散膏丹，否则处方再好，也可能功亏一篑，难以获得预期的良效。因此，他与胞妹婉芳，友人戴清泉、戴士鳌四人合股，于1931年在角直镇中市街开设了一家名为“天心堂”的中药店。天心堂开张以来，金里千严把药材和配方的质量关，同时又经常对贫困者给予赊欠或免费。后因药店经营疏于管理，赊欠的费用宕账太多，所用之人又有所贪污，资金周转困难，股东意见分歧，故金里千于1936年合约期满时盘让退出。

在诊断方面，金里千特别注重儿科病症的训练。小儿科俗称“哑科”，因为小儿主诉困难，须全凭医家通过诸如验齿、察舌、辨斑疹白痱、嗅痘气等儿科的独特诊法来诊察病情。如果医生对小儿的诊断能够谙熟无误，那么对其他病人的诊断自必不在话下了。金里千效学叶桂，有心从小儿诊断练起，医术益精，做到“病家不用开口，便知病之分晓”。他往往至病家一闻到病室内的秽气，就能判断病症何属，伤寒何候；一闻到患儿的痘气，就能推断天花几朝，凶吉如何；一看到患儿的面色额纹，便知是疳积还是惊风。在二十世纪三四十年代，金里千又被吴中的百姓誉为“第二个叶天士"。

金里千于1952年起任吴县政协常委、吴县科协常委。1956年6月，出席江苏省医务卫生代表大会，并在会上发言，介绍了带徒经验，受到有关领导的重视。6月，由省卫生厅厅长吕炳奎发出聘书，嘱其赴江苏省中医研究委员会报到，参加筹建中的江苏省中医研究所的血吸病研究小组工作，但因县政府以本县医疗建设的需要为由极力挽留而未能成行。同年9月，由县政府抽调至浒关吴县人民医院（今苏州市第七人民医院）工作，任中医科负责人，兼任吴县医学会副主任、吴县中医中药研究会主任、吴县中医讲习班主任等职。

1958年初，金里千在县政府的支持下组织本县中医参加晚期血吸虫病的治疗工作，并为此拟定周密的治疗方案，组织实施。同年7月，与省中医研究所协作，在角直、唯亭设组，开展晚期血吸虫病食养疗法的科研活动。角直组收治209例，资料统计治疗有效率达92.1%。1959年春，金里千发起在全县范围内开展中医中药的采风、访贤、献方活动，征集到单方、验方、秘方共11425方，经筛选整理出1192方，分类编印《祖国医药采风集》一辑，其中金里千的献方达13%。二十世纪六十年代，金里千先后开办了两期中医讲习班，并任经典理论教员，自编讲义，亲自授课，培养了中医学徒数十人。

金里千受业师殷骏生之影响，精古文，嗜藏书。1964年，其调至吴县公费医疗门诊部工作，此间因受王满城编校《七松岩集》出版问世之触动，萌生了整理校注吴门医著的计划。于是，他从家藏的抄本秘集中，筛选出角直名医徐时进的《医学蒙引》抄本、闵曙公《内科心典》抄本、叶天士《六气全书》、张大爔《爱庐医案》等秘本，加予旁征博引，详校细评。希望通过自己的努力，使这些深埋于民间的中医秘籍得以出版刊行。遗憾的是，他未能在有生之年偿愿。直到1993年《医学蒙引》经其子庆江整理、《内科心典》由其子庆雷整理后，列入江苏科学技术出版社《吴中医集·临证类》的著作，终于得以问世。

1969年6月，金里千调任至斜塘医院工作。当时乙脑流行，金里千采用鲜地龙加白糖研烂敷贴囟门的疗法，取得良好的效果；并与上海医药工业研究院小分队开展临床科研协作，于1970年应用"地龙贴囟"疗法治疗乙脑29例，无一例死亡，且无后遗症出现。与西药治疗组相比较，本法具有非常明显的优势。

金里千医德高尚，常说对待病人要"皆如至亲之想"。在斜塘医院工作时，他高血压眩晕时常发作，不忍心让外地赶来求治的病人失望而归，他坚持让病人到家里来就诊，甚至于自己病倒在床时还躺着为病人诊脉开方。

金里千先生生性豁达开朗，重德轻财。尚有象牙书镇一方，上刻“家有良田万顷，不如薄技在身”是为写照。1975年金里千退休回角直后，一直热情地为家乡的病人义诊。角直老屋的西厢房，是他晚年的“春常在室”。每当早晨的阳光从东方透过葡萄架照亮他的脉台时，他已经在为病家诊疾了。他风趣诙谐的话语，往往使得病人忧心而来，失笑而归。

1977年秋，国家恢复高考，金里千的儿子金庆江初试成绩过关，准备复试并填报志愿。金庆江回到角直老家向父母汇报志愿表中填报的第一志愿是江苏师范学院（今苏州大学）数学系，第二志愿是南京师范学院（今南京师范大学）物理系，第三志愿是南京中医学院中医系时，金里千力劝儿子将第一志愿改为南京中医学院。金庆江最终被父亲的殷切希望所感动，前往招生部门更改了志愿，最终走上了继承家业、悬壶行医的道路。

1979年，金里千被评选为第一批江苏省名老中医，1985年拿到了荣誉证书，同年5月因高血压、脑梗死等病症逝世，享年86岁。至此江苏省名老中医存世仅95人。金里千有子女16人，子庆畲、庆雷、庆江、庆荣，婿杨清仁，门人金永康、戴绍达、罗文英、管文亮，悉承其业，学业有成。

作者简介

金庆江，男，1948年4月生，江苏省苏州市人，中共党员，本科学历，士材学派第十一代传人、江苏省名中医、苏州市十大健康养生专家。

出身于中医世家，师承于其父——江苏省名老中医金里千先生。1982年毕业于南京中医学院中医系，长期从事吴门医派、士材学派的学术研究，撰写论文20余篇。主编及参编出版《吴中十大名医》《春常在室医验录》《士材学派之殷氏医案》《苏州市老中医经验文集》《吴中医集》《吴医荟萃·济群医验》《吴医汇案》等7部著作，主编《病机选论》中国中医药出版社待出版。主持参与了5项市级及以上课题。

现任苏州市中西医结合医院主任中医师、副教授，士材学派传承工作室主任，第四届江苏省名中医工作室主任。兼任太湖书院高级研究员、世界中联中医药文献与流派研究专业委员会理事、江苏省中医药文化建设专家库专家、苏州中医药博物馆特约馆员。曾任苏州市中医学会吴中医学研究专业委员会副主任委员、苏州市中医学会吴门医派专业委员会名誉主任委员。

丘 序

《金一帖传奇》的作者金庆江大夫邀我作序。我虽不是学医的，但还是乐于接此重任，将此书郑重推荐给读者，原因有四。

第一，我从事自然辩证法研究和教学工作62年，两次与医学结缘。第一次结缘是在改革开放以后，中国自然辩证法研究会认真研究“中西医结合是中国医学发展的唯一道路”的最高指示造成的诸多弊端，提出了西医、中医和中西医结合三驾马车都是中国医学的发展道路，极大地冲击了当时的思想束缚。三驾马车的思想促进了中西医务工作者的大团结，共同研究临床思维、医患关系、医学伦理学和医学哲学等问题，成立全国医学哲学学会，举办医学哲学学术讨论会，和原卫生部共同创办《医学与哲学》《护理学杂志》《医师进修杂志》，结识了一大批中西医学界权威和教授。二十世纪八十年代中期，我在苏州医学院主持了全国医学哲学学术讨论会。2015年，我参加了中国中医科学院举办的“历史上主要科学体系的认知模式及影响研讨会”，受邀请做《易道认知模式的象思维初探》的主旨报告。第二次结缘是因为易学。我学易30多年，把易学看作中国古代的自然辩证法，深知医易同源的道理。作为国际易学联合会荣誉会长，我尊奉“医则调身，易则调神”，力求身体健康和精神健康。中医学视阴阳为天地之道、生命之本、神明之府、万物之纲纪，把阴阳学说作为理论支柱来构建中医体系，考察人体生理、病理，进行诊断、治疗等，无不以阴阳为纲。《周易》取类比象的方法论为中医学提出了理论依据与结构模型，脏象学说是中医学中贯穿人体生理病理学与诊断治疗学的一条主线。《易·系辞上》说：“见乃谓之象，形乃谓之器，制而用之谓之法。”器是象之体，象是器之用，对经络系统和脏象学说的系统化和完善化起了很大的推动作用。自《黄帝内经》奠定医易会通格局以来，汉代张仲景，隋代杨上善，唐代孙思邈、王冰，金元四大家等，都将《易》作为中医理论的源头活水。两千余年来，医易相通，交叉发展，互相促进，使中医学成为一套具有东方特色的独特的医学体系。孙思邈认为：“《周易》六壬，并须精熟……乃得为大医。”（《千金要方·大医习业》）明代张介宾将这句话概括为“不知《易》，不足以言太医”。是故我愿以医学哲学和易学的视野介绍本书。

第二，我是太湖书院的山长，金庆江是太湖书院的高级研究员，在书院为苏州出谋划策。在“打造苏州国际养生之都”的课题研究中，他是专家组的重要成员，提出了许多建议。同时他在书院季刊《太湖春秋》中开辟专栏，介绍吴门医派、中医养生。他的许多观点都与我相同，我后来才知道他所传承的学术流派，其中主要的一个特点就是“医易互参，阐发阴阳水火”。金庆江是吴门医派的重要传人，家传深厚，遥承明末吴中名医李士材的学术流派，属李士材的第十一代弟子。同时他又是科班出身——毕业于南京中医学院中医系，经过现代中医体系的系统学习和训练，在致力挖掘家学源流、传承吴门医学的同时，深入临床，积极探索，有所发展，形成了自己的风格。他著述颇丰，是难得的在临床和学术上都有实力和追求的中医医生，也是苏州市和江苏省的名医。由此，我义不容辞地为此书作序。

第三，我作为本书的第一批读者，深受教育。金庆江的父亲金里千就是一位“知易”的儒医，他具有救死扶伤的医德、辩证的临床思维，且善于处理医患关系，在苏南一带，医名盛传。他对中医深有研究，善于医治疑难杂症，他一帖药治好“伤寒证”的传说风闻于民间，因此有“金一帖”的口碑和美誉。他在授课中，将阴阳五行内容均以图文结合的形式加以阐释，通俗易懂的同时还有自己鲜明的立场与独特的见解，使阴阳五行之哲学思想更容易被今人所理解与接受。

作者同他父亲一样，思维活跃，善于思考，不落窠臼。

多年来，在秉承父志，整理校注吴门医著的同时，还在整理、总结父亲的宝贵医学遗产，完成他的家学传承使命。2010年曾整理出版《春常在室医验录》，记录了金里千医学成就的精华。而这本新作，他没有写成死板的传记，也没有写成严肃的论文，而是以轻松的笔调、传奇的笔法，将金里千的医学思想、医学成就巧妙地融合在学医、行医、授医过程中发生的有趣的故事里，既重视受众的阅读习惯和接受程度，又重视突出专家学者的个人特色，具有学术性、创新性、现实性，符合“太湖书院文库”的风格和追求。所以在看到书稿后，我支持本书纳入“太湖书院文库”共同出版并推荐给读者。

第四，正是在为此书写序的当下，可以说全人类正在接受一次大的洗礼，全世界的医学正在接受一次大的考验。而在这次大考中，在抗击新冠肺炎疫情的关键时刻，中医药和西医药互补，取得了令世人瞩目的疗效。与西医的总体治疗的理念和方法不同，中医药辨证论治、扶正祛邪的诊疗思路可谓另辟蹊径，在疫情具体原因、发病机制等尚未厘清的情况下，针对病患情况给出治疗方案，疗效显著。在疫情期间，中医药使用率和有效率达到新的高度。作为“中国方案”的亮点，中医药治疗新冠肺炎的经验正在为国际社会防控疫情提供“中国经验”和“中国智慧”。而中医药在走出国门援助世界的过程中，也让世界上更多的人认识中医药、认可中医药；让更多人明白，医学没有国界，中医药是中国的，更是世界的。

当然，对于中医药还有很多的争论，还有人讨论中医学究竟是“经验医学”还是“理论医学”。这个问题并不成立，体系完备的易学就是中医学的理论基础，而同样宝贵的前辈医家的临床经验更是不可或缺。这也是本书的现代意义。

愿通过这本书，士材学派、金氏医学能更为大众所认知、所传习，健康国人，造福社会。是为序。

丘亮辉

2020年6月28日

俞　序

角直金里千先生，吴中名医也。先生之名声，方圆数十里，几乎家喻户晓，诸多疑难杂症，治之皆获良效，深得医者意也之妙。尤以治伤寒，独擅其长，有“金一帖”之美誉。口碑相传，四邻八乡求诊者不绝于道。

作为晚辈，二十世纪八十年代初，吾曾三次拜访先生。先生形体清瘦，精神甚佳，和蔼可亲，于角直乡土文化、历史掌故，如数家珍，十分熟稔。与之交谈，有如春风拂面，闻者心胸畅达，颇受其益。

老友金庆江，先生之子。性情恬淡，医术精湛。又善读书，兼通文史，有乃父之风。日前，携来新作《金一帖传奇》打印稿，嘱写序言。展卷拜读，金里千先生平生之经历，风云际会，临证治病，处置应对，凡此种种，赋以章回之体，铺陈成书。故事真实不虚，情节叙述生动，名医风范，跃然纸上。

昔司马迁传太仓公于《史记》，载淳于意治病案例数十则，脍炙人口；今庆江兄援以生花之笔，传其先父履历与趣闻，如史如话，文采焕发，亦当后世留芳。书将付梓，聊述数语，以示敬仰。

俞志高拜撰

2019年12月22日

自 序

家父金里千先生名家驹，吴县角直镇人。15岁师从岳父殷骏生学医，成为士材学派的第十代弟子。殷骏生名履科，少年入庠，乡闱不第，从父殷子量业医。殷子量师从同邑顾桐君，顾桐君嗣父系角直名医顾少竺，顾少竺从苏州沈安伯学，沈安伯乃尤在泾门生，尤氏又从马元仪学，马元仪师沈朗仲，沈朗仲之师乃明末吴中名医李士材。从士材先师传至家父金里千先生，一脉相承已达十世。

父亲1920年在角直镇开业行医，治学以“熟读，博览、精思、勤练”为座右铭，临床擅治内外妇儿各种疑难病症，医疗经验十分丰富。处方用药以简、便、廉、验而著称于时，尤其是治疗伤寒病更是妙手回春，一帖见效，因此在苏昆一带享有“金一帖”的美称。1927年前后为上海中医学会会员，医界春秋社社员，江苏全省中医联合会撰述员，并积极撰稿投寄《复兴中医》《中医杂志》《三三医报》等学术期刊，又与苏州名医顾允石先生结为知交，经常往来书函，切磋医理。

1954年底，与殷季达组织个体开业医生成立角直镇联合诊所。1956年调吴县人民医院任中医科主任，兼任吴县中医讲习班主任。1964年调至吴县公费医疗门诊部工作，后于1969年调至斜塘医院工作。

1975年，父亲退休回到角直，一直热情地为家乡的病人义诊。角直老屋改建后的西厢房，是他晚年的“春常在室”。每当早晨的阳光从东方透过葡萄架照亮他的脉台时，他已经在为病家诊疾了。他风趣诙谐的话语，往往使得病人忧心而来，失笑而归。

1979年，省卫生厅授予父亲“江苏省名老中医”称号，1985年颁发了荣誉证书。同年5月，父亲因高血压、脑梗死病逝世，享年86岁。

1987年我参加编写《苏州市老中医经验文集》一书，曾将父亲治疗晚期血吸虫病肝硬化腹水经验予以整理介绍。2007年我在参编《吴中当代名医医案丛书》时，又将父亲历年的医学笔记、研究资料及教学心得从单方选辑、验方选辑、秘方选辑、金里千医话、金里千医案、金版方歌、吴中医家研究、临床研究，以及古今验评析等方面，整理编撰成《春常在室医验录》一书，由江苏科学技术出版社于2010年3月出版。

近年来，我又仔细翻阅了父亲遗留的书札笔记，同时又征集到很多流传于民间的父亲生前的医疗验案与趣事逸闻，更加强了对父亲的怀念之情，觉得父亲的医疗生涯是那么富有传奇色彩，他的医疗经验是那么耐人寻味，因此多次萌发了撰写《金一帖传奇》的想法，而且愈来愈强烈。我相信这是一种召唤，一种灵感，更是一种承前启后的责任！我一定要将繁杂的事务先放一放，集中精力完成这一写作任务，愿它能成为我们子孙与后学同道的一份珍贵遗产留存下来吧。

金庆江

2016年冬于苏州中西医结合医院士材学派传承工作室

目　录

第一回　汉武赐姓　徙居古镇

苏州城东五十里有一个名叫角直的乡镇，那是一个小桥流水、风光秀丽的江南水乡，镇的西栅住着一户姓金的人家。金氏老宅占地二十余亩，居中有一条备弄，长一百多米，贯穿南北二门，名为“金家弄”。前门朝北，街临西市河，附近有环璧桥与金行桥二桥呈掎角之势架于西市河与金鞍浜之上，成为所谓的“三步二桥”。出后门朝南，便是由武举人杨惠山的先祖杨潜建于明代嘉靖年间的杨家花园。后门之西为张巷，靠南便是寺浜，故金宅三面临河，河流就如马蹄般将其环绕。

说起来，这个金氏家族的远祖原非姓金，亦非土生土长的本地人。金家的先祖乃是匈奴人休屠王的长子，名叫日磾（前134—前86）。公元前一百多年时，汉武帝派大将军霍去病对匈奴发动过多次征战。匈奴惨败后，单于责怪住在西面的昆邪王、休屠王失职无能，欲把他们杀掉。于是，昆邪王与休屠王谋划投降汉朝，后来休屠王反悔，昆邪王就把他杀了，并率领他的部下一同投降了汉朝。昆邪王被封为列侯，而日磾就同他的母亲阏氏、弟弟一同沦为汉朝的降俘，被收进官府为奴，这一年日磾才十四岁。

沦为降俘的日磾被派去黄门养马，因他从小生活在草原上，精通养马驯马之道，故其所饲之马特别精神肥壮。有一次武帝宴游后宫想要赏马，于是命日磾等数十人牵着马从殿下经过。日磾身高八尺二寸，容貌威严，举止大方，马也养得膘肥体壮，武帝命人询问他的身世，日磾一一如实作答。武帝觉得此人精干踏实，当天就赐他沐浴衣冠，任命为马监。此后日磾屡次立功受赏，从马监逐步提升为侍中、驸马都尉、光禄大夫，成为汉武帝的近臣。

后元元年（前88）夏六月，汉武帝出行，住在林光宫。莽何罗与其弟莽通、莽安成假托武帝的命令潜入宫中，图谋行刺。那天早上，武帝还没有起床。此时日磾因病正在宫中休息，如厕后忽然心有所动，静坐在武帝卧室的门口。一会儿，只见莽何罗从东厢闯入，袖里藏着匕首，直奔汉武帝卧室。他发现日磾坐在门口，神色陡变，慌乱之间碰到了瑟器，惊呆在原地。机警的日磾立即将莽何罗抱住，高呼："莽何罗造反了！"武帝受惊连忙起来，宫中的侍卫也赶来拔出刀想砍杀莽何罗，武帝怕误伤日磾，就叫侍卫住手。日磾遂将莽何罗摔于殿下，侍卫们一哄而上，将莽何罗绑了起来，所有同谋也都被抓捕问斩。这场谋反案被粉碎后，日磾更加得到了汉武帝的信任。

后元二年（前87），年届七十的汉武帝病危，立八岁的儿子弗陵为皇太子，嘱托霍光辅佐年幼的君主。霍光要谦让给日磾，但日磾推辞说：“臣是外族，如果这样做，将使匈奴轻视汉朝。”于是武帝封日磾为车骑将军，命其作为霍光的助手共同辅佐少主弗陵即位。后创建了两汉历史上“昭宣中兴”时期的大业。

后来，日磾被赐“金”姓，并被封为“秺侯”，日磾以昭帝年少为由不接受封侯。日磾辅佐政事一年多后，病重，汉昭帝再次加封，日磾才在病床上接受了印绶。昭帝始元元年（前86）九月，金日磾病逝于长安（今西安），年四十八岁，赐葬于长安茂陵，谥号为“敬侯”。

日磾家族改姓为“金”之后，七代都为内侍，居住于长安，以忠孝闻名。南北朝时金氏有迁至今甘肃境者，宋元时期已在浙江、江苏生根繁衍，其中的一支在元末时已迁居至苏州吴淞江畔，建立了一个庄园——金家庄。庄主在务农的同时，经常带领庄丁操练兵器，习武自卫。

某日，张士诚的运粮官船经过金家庄，因金家的船舫妨碍了粮船的行驶，官兵自恃为皇命官差，不容分说径直将船舫拆毁。庄主一怒之下率领众家丁将这班仗势欺人的草包打得落荒而逃。败将回去后谎报乡匪作乱，张士诚以谋反罪派兵围剿，下令将金家满门抄斩。其间，金家仅有两弟兄因外出幸免于灭门之灾。后来他们投奔了朱元璋，自荐为先锋，领兵攻打苏州城。至正廿七年（1367）苏州城破，张士诚知大势已去，九月在南京自缢身亡。金氏兄弟因破城有功，被封为苏州六城门总管，并在角直购地置宅。自此之后，金家方在角直镇安居至今。

苏州一带民间素有插“狗屎香”的民俗，是为祭拜张士诚而设。即于每年的张士诚生日——七月三十的晚上，在地上插捧香以祭奠他。为什么叫“狗屎香”呢？原来，张士诚小名叫张九四，苏州人听苏北人读“九四”音如同“狗屎”，故部分苏州人借苏北口音贬称他“张狗屎”。同时张士诚又不是真命天子，只能算个草头王而已。朱明王朝建立后，谁还敢堂而皇之地纪念他？只好偷偷摸摸地在地上插香祭奠了，还起了“狗屎香”这样不雅的名称。因为金家与张士诚有灭门之仇，故而金家历来有不烧“狗屎香”的家规。

明代中叶，金家居住在众安桥南三元桥北段，家业益旺，曾经出现父子两进士的盛状：父金应徵为嘉靖乙丑年（1565）进士，奉母极孝，以诚服民，以廉能著称；子金士衡万历壬辰科（1592）进士，敢于直谏，仗义执言。明万历初，金应徵倡议革除家乡角直的“市肆门摊税”，这一减负兴业的举措促进了角直的经济繁荣，当地人感激他的功德，在永宁桥北设立金公祠以祀之。

清初以来，金家开始涉足医疗慈善事业。据家谱记载，金玉音（1639—1718），字正禧，精习医业。金玉音之孙金三才（1701—1770），字兼六，一字建六，号退舟，长洲国子生，乐善有干练才。明末清初江南地区瘟疫流行频甚，又加之兵乱荒灾，不少百姓毙于非命，客死他乡，累累尸骨无人收埋，暴露于吴淞江滩边上，金三才偕里中同志创建同仁堂，掩埋暴骨以万计。为了保障同仁堂能持久地运转下去，金三才捐元和、昆山、新阳三地田产七百二十余亩于堂中作为义田。后来，同仁堂的事业逐渐拓展到助学济贫、捐资救灾、代葬施衣、疏浚河道、时疫医治、添置消防设备、修桥铺路等社会公益慈善的方方面面。

金三才的孙子金成（1744—1796），字槐宸，号默堂，晚年自号指石道人，候选按察司经历。他是第一位呼吁保护修缮保圣寺罗汉的甪直人，他的《甫里竹枝词》云："断梁佛殿创梁朝，保圣禅堂今寂寥。天下闻名活罗汉，劝郎修造免飘摇。"这比1929年蔡元培以教育部的名义发起对保圣寺罗汉塑像的保护运动早一百五十年左右。乾隆五十一年（1786），金成游京师，邂逅成亲王永瑆，为成亲王所赏识，与其结为知交。随着家族的不断繁衍壮大，金成买下杨家花园北面约二十亩土地，修建了规模宏大的金宅。

清光绪十二年（1886）九月，金家官居刑部司狱的金荣照去世，母舅葛子翰在祠堂召集金荣照的三个儿子国治、国泰、国桢议事分家。先是将所有田产一分为三，每房得四百亩；再将住宅中除去大厅、祠堂、学堂间、匠门间等公产外，以金家弄为界，将其之东南部住宅划归大房国治，西部住宅划归二房国泰，东北部住宅划归三房国桢。金家除了一般财帛以外，尚有四件稀世的镇宅之宝：其一是皇家所赐金如意一个，分给大房；其二是成亲王永瑆赠予先祖默堂公贺母寿礼的铜铸百寿图大明宣德炉一个，分给二房；其三是乾隆年间成亲王所赠御笔一支，分给三房；另有一幅赵孟頫的名画《八骏图》，则作为谢礼送给了舅舅葛子翰。从此，这个大宅便分成了三房。

大房金国治字定安，生于咸丰六年（1856）六月，太学生，候选县丞，其子恩燮、恩永。金恩燮字友克，光绪四年（1878）生，配同里庠生宋韵篪的长女宋乔。金恩燮于辛亥革命前后追随孙中山参与反清活动，倡导三民主义，曾任吴县同盟会的部长。他育有四子，长子名家麟，四岁时因病夭折，次子名家凤，三子名家龙，四子名家骏。金恩燮之弟恩永字思言，光绪六年（1880）四月生。

二房金国泰字仲莲，生于同治五年（1866）四月，国学生，五品衔，官居盐运使知事，娶妻戴氏。光绪十三年（1887）八月，金仲莲在海州感染疫病被庸医所误，英年早逝，时仅二十一岁。其妻戴氏膝下无子，乃以大房国治次子恩永为嗣。金恩永从小顽皮好动，不肯埋头读书，独喜骑射兵法，曾应清代武举试，没能入选，从此以后心灰意冷，不理家业，整天玩世不恭，耽于烟酒赌博。嗣母戴氏也奈何不了这位浪荡公子，暗叹命苦，只能念佛吃素，祈求神灵保佑。

第二回　志向千里　儒门事亲

也许是金家世代行善积德的结果，亦许是上天爱怜恩赐的缘故，金恩永成婚后不久，传来了其妻郭秀梅有孕的喜讯，老夫人戴氏高兴得不得了，一方面请名医把脉安胎，一方面雇人陪侍待产，忙得不亦乐乎。光绪廿五年（1899）八月十九午时，只听到产房里传来一阵响亮的“哇哇”儿啼声，里面的丫头出来报喜道：“恭喜老夫人，恭喜少爷，少奶奶生了个大胖儿子！”守候在外面团团转的老夫人与金恩永迫不及待地冲进产房，从产婆手里抱过小宝贝一看，果然是男孩子。小家伙面目清秀，五官端正，居然还手舞足蹈着，可爱极了。

接下来就要为小宝贝取名字了，金家取名多为双名，第一个字是代表辈分的，这一代正好排到“家”字辈，第二个字须选一吉祥动物名。老夫人说：“我早上梦见一匹白马从天而降，小孙儿恰巧又是午时生的，想必他是神马投胎来了，不如就取名家驹吧。”龙驹宝马，头为龙，体为马，日行千里，夜行八百，乃是传说中的神物，这也是以后金家驹取字“里千”的来由。光绪廿七年（1901），郭氏又生了一个千金，取名家蕙，字婉芳。

金家驹自小聪明可爱，甚为父母长辈疼爱。光绪三十年（1904）七月，郭氏患热毒痢，抛下一双年幼的儿女不治身亡。小家驹哭得死去活来，早年疫病夺走了祖父年轻的生命，现今他又眼睁睁地目睹了疫病夺走了慈母的生命，可恶的病魔使他那幼小的心灵受到了巨大的创伤，也使他暗下决心长大了要做一位治病救人的医生。

家驹年及六岁，家里便聘请了一位名叫陈归甥的老秀才到学堂间授课。陈秀才为家驹取字“里千”，寓意龙驹腾飞，志向千里。金家素以书香门第著称，私塾就设在金家大厅东北隅的学堂间里。大厅门楼上嵌有七世公金默堂手书的“入孝出悌”四个砖刻大字，作为金家学养处世的家训，其典出自《论语》：“弟子入则孝，出则悌，谨而信，泛爱众，而亲仁……”金里千天资聪慧，思维敏捷，读书过目不忘，常常得到陈老夫子的称赞。在陈秀才的指导下，他学业日进，九岁时已能写作短篇论文。

二十世纪初，正值时代大变革的酝酿时期，废科举而兴新学的风潮席卷大江南北，甪直镇的乡绅也在甫里书院的基础上将其改建为甫里小学。科举制度废除了，私塾所学的四书五经不时兴了，金里千便转入甫里小学接受新式教学。

甫里小学所授内容与私塾所教大有不同，除了国文之外，还有算术、地理、历史、音乐、美术、体育等课程，金里千感到分外地新鲜有趣。在学校任课的大多是本地的开明人士与年轻的新潮教师，师资力量雄厚，如王伯祥、吴宾若、殷康伯、叶圣陶均是苏州公立第一中学堂（俗称“草桥中学”）的高材生。首任校长是昆新学会会长方还，后由刚从日本早稻田大学教育学专业毕业的海归派沈柏寒继任，教导是前清秀才朱文钟。

金里千入学以后，成绩历年名列前茅。同学中有萧乃震、严良才亦皆成绩优异，并且各有不同的课余爱好，如金里千对医药生物最感兴趣，萧乃震偏爱化学数理，严良才擅长文学创作。当时科举制度已经废止，新学方兴未艾，孙中山、黄兴、宋教仁等海归派成为时代的楷模，江南富家子弟出洋留学已成时风。角直这里聚居着金、沈、宋、严、殷、萧等望族，他们不仅纷纷将子女送到上海、苏州等城市的新式学校读书，还通过各种途径让子女漂洋出海，进入英国、美国、日本、德国等国家留学。金里千、萧乃震和严良才三人志趣相投，效仿桃园之盟义结金兰，经常私下商议一起远渡重洋，出国求学。

有一天，老祖母戴氏将金里千拉到身边，问道：“家驹啊，金家世代读书做官，你将来打算做点儿啥？”小孙子告诉老祖母：“好婆，我想出国学医。我和萧乃震、严良才三个要好弟兄已经商量好了，准备结伴出洋留学，好不好？”

老祖母叹了口气，说道：“唉！小祖宗！不是我不让你出远门，只怪我的命苦，年轻时守寡，你妈去世得早，你父亲又不理家业，我就你这么一个嗣子独孙，好不容易将你抚养长大了，你若是再远走他乡，我这一把年纪活着还有什么依靠啊？再说你身体虚弱，头晕的毛病时常要发作，到了国外生活上没人照应，怎叫我放得下心啊！”虽然金里千后来再也没在老祖母面前提起出洋留学之事，但戴氏心里总归有点儿不踏实。

话说金家的前门口有条西市河，有天下午，老祖母从河边走过，看到对岸的河滩上有一个小姑娘正在烈日之下翻弄书籍。老祖母出于好奇，过桥走近一看，但见得小姑娘年纪十三四岁，样貌俊俏，清瘦的脸上冒着涓汗。老祖母问道：“小姑娘，你是谁家的闺女？这么热的天，怎么不去乘凉，却在日头底下弄书呢？”“我父亲叫殷骏生，今天是六月初六晒书日，父亲的书实在太多，家里晒场不够，只好晒到外面来。父亲爱书如命，叫别人弄书不放心，才叫我在这里看管着呢。”

老祖母回家一打听，原来小姑娘名叫殷绥兰，其父亲殷骏生本是清末的秀才，满腹经纶，才学超群，因病而继承父业弃儒从医，设诊于西市上塘街，精于伤寒内妇，擅治疑难杂症，乃是角直本地响当当的名医。老祖母心想，如果能攀上殷家这门亲，一方面可以成全孙儿学医的愿望，另一方面也好圈牢孙儿的心，岂非两全其美？于是老祖母便托人说媒议亲，金、殷两家原本都是甪直镇上的名门望族、书香门第，可以说是门当户对，婚事一说便成。

金里千小学毕业以后，老祖母便把孙儿叫来，劝他说："家驹啊，你现今小学毕业了，甪直镇上也没有中学，我看你与其外出求学，还不如就跟老丈人学医吧。"金里千自慈母病逝以来，一直就怀有学医治病救人的志向，现在听老祖母说叫他跟殷老先生学医，到殷家又可以与殷小姐朝夕相处，自然是欣然从命。

就这样，金里千既没有像先辈那样读书致仕，也没有像同伴那样出洋留学，最终走上了儒门事亲、悬壶诊疾的医学道路。

第三回　遥承士材　师从骏生

殷老先生挑选了一个从艺的黄道吉日——1914年9月9日举行收徒仪式。这一天，殷家的用人早将堂屋大厅打扫得干干净净，茶水杯盏准备得停停当当，就等对河金家的客人前来举办拜师仪式。灶屋间有两个小鬼丫头在那里嚼舌：“阿姐，倷看吾伲老爷今朝是开心得来，嘴也合不拢了！”“妹子，是格耶！老爷膝下没有儿子，就两个女儿，绥兰大小姐长得漂亮，又孝顺。”“今朝来拜师的金家大少爷长得神气，又聪明。”“金大少爷今朝要过来拜师了，这样一来，岂不是既是老爷的高徒，又是老爷的快婿，亲上加亲。”“对对对，既是弟子，又是半子，等于一个儿子。”“照我看老爷的本事肯定会悉心相传的了，倷说阿对？”“这个么自然个嘞，倷懂的！”

金家老祖母早已备好大礼，又请到了金里千的大伯父金恩燮作保，一路上担着礼品与亲友一起陪送金里千过桥来到殷家，举行拜师仪式。司仪先请长辈亲友大厅入座，然后点燃香烛，再将挂在南面墙上的三幅画像一一打开。金里千定睛看去，隐约记得居中一幅是神农，左边一幅是张仲景，可右边那一幅就不认得了。

司仪请殷老先生居中坐定，然后宣布："今有本镇金姓学子名家驹，字里千，拜殷骏生老先生为师业医，可喜可贺。拜师仪式开始，先由弟子呈拜帖。"金里千将早已准备好的帖文拿出，朗声念道："弟子家驹，兹念先祖早夭，家母幼丧，皆由疫病所害，庸医所误！原欲出洋求学，寻医问药，无奈亲情羁绊，家命难违。今幸得遇名师，医术高超，且学养宏富，望重德高。弟子家驹，愿入门下，拜师受业，修德正道……"说完，将拜帖双手高举敬呈师父，并将"六礼"等物品奉于香案之上。

司仪又唱道："向先师行礼！"殷骏生从座位上站起来，带领金里千一起向墙上的三位祖师爷行叩拜之礼，并一边叩拜一边解释道："中间这位是神农先师，神农尝百草发明了中药，他是我们中医药的老祖宗。左边那位是汉代的张仲景，他的《伤寒杂病论》开创了中医的诊疗学与方剂学，被后世尊为'医圣'。右边这位是我们家学的祖师爷，名叫李士材，从今天起你就是他的第十代弟子了。"

最后一个议程是徒弟向师父敬茶，行三鞠躬大礼。殷骏生则取出一个黑羊皮的出诊包，里面有一套文房四宝、一只怀表、三套医书，分别是《神农本草经》《伤寒杂病论》和"士材三书"，作为见面礼赠送给金里千。

礼成，所有的亲友下人拥簇着师徒二人，道贺的道贺，领赏的领赏。等众人都散去了，金里千指着李士材的画像问道：“师父，这李士材先生是谁？怎么会是我们的祖师爷？”

殷骏生摸着徒弟的头，说道：“说起我们的医学流派，始创于明末名医李士材。李士材，名中梓，号念莪，明末华亭人。初攻举业，后因痛感父兄及两亲子被庸医药误致死及自己早年多病，后自究医理，大器晚成。他是一位自学成才的医学家与理论家，同时又是一位出色的中医教学家。李士材的著作简明扼要，通俗易懂，有《内经知要》《医宗必读》与《士材三书》等著作，都被后世医家用作师带徒的最实用的中医教材。”

殷骏生喝了口茶，接着说：“李士材的入门弟子很多，不仅都是儒医世医，闻名遐迩，而且都能薪火相传，推陈出新，三百多年来在吴中形成了一个影响很大的医学流派。我的家学就是李士材流派中的一支，家父殷子量师从同邑顾桐君，顾桐君承生父守之及嗣父少竺业，顾少竺从苏州名中医沈安伯先生学医，沈安伯幼承家学，后又师从尤在泾，尤氏从马元仪学，马元仪师沈朗仲，沈朗仲师从于李士材之门下。所以我今天收了你这个徒儿，你金里千就是李士材的第十代弟子了。”殷骏生娓娓道来，金里千一字不漏地仔细听着，牢记在心。

第四回　抄方读书　渐入佳境

第二天，金里千早早地来到了殷家诊所，为师父泡好茶，磨好墨，摊好纸笔，然后站到一旁静候师父的吩咐。殷骏生看在眼里，心中暗喜道："徒儿虽然出身名门大族，但举止谦恭有礼，落落大方，一点也没有大少爷脾气，孺子可教矣！"于是，殷骏生便吩咐用人搬来一张椅子，放在自己脉台的左侧，对金里千说道："徒儿，从今天起，你白天就坐在我身边跟我抄方，晚上回家必须认真读书，做到博览精思，持之以恒，切不可贪懒倦学，虚度光阴！"金里千作一双手抱拳之势，大声应道："得令！"惹得殷老先生"扑哧"一声笑了出来。

殷老先生关照徒弟："跟我抄方，并不只是将我书写的脉案方药简单地抄写一遍，而是要跟着我同步思维的。"徒儿问："同步思维？"师父解释道："所谓同步思维，就是在我看病的时候，你必须认真关注整个诊疗过程，如病人的主诉是什么，伴症有哪些，师父询问些什么内容，诊查些什么项目，舌苔、脉象有何特点，乃至所用的方药，等等。最后师父在书写脉案时会念出声来，你必须随声抄录下来。你在抄方的过程中也要积极思考，体味师父的辨证思路和诊治方案。”徒儿又问：“师父我初入师门，好多东西还弄不明白，怕一时同步不上怎么办？”师父说：“这个莫要心急，一则不懂就问，二则熟能生巧，天下无难事，只怕有心人。”这一天下来，看了三十多个病号，金里千初学，难免有些手忙脚乱，应接不暇。但他毕竟既读过私塾，又上过新学，具有较好的文化基础，因此很快就适应了。

诊毕，殷老先生带着金里千先洗过手，然后一同来到书楼。殷氏既是儒医，又是世医，素嗜藏书，家中除了经史子集之外，医学藏书如《内经》《伤寒论》《千金方》，以及金元四家、明清各家传世著作无不搜存巨细，而且还有许多珍藏的抄本秘本，如叶天士的《六气全书》，清初甪直先贤闵曙公的《内科心典》，徐时进的《医学蒙引》《病机选论》，张大爔的《爱庐医案》，等等。

殷氏藏书斋足有两间屋，书橱与书架里砌满了书，金里千跟着师父在里面须侧着身子穿行。殷骏生从中捧出一部书来，对金里千说道：“这是一部明版的吴注《内经》，《内经》是初学中医的必读教材，其中既包含了中医天人相应与阴阳五行等哲学思想，又有中医的生理学与病理学基础知识，你要尽早将《内经》熟读悟透，然后才能循序渐进，登堂入室。”

金里千回家以后，便在油灯下打开《内经》，认真研读起来。旧版医书没有标点符号，需要靠自己的理解来断句。古文深奥，甚至还有错简脱漏，金里千一时难以理解的，就参考注文或者请教师父。好在金里千生性颖悟，又有名师指教，一切难题都能迎刃而解。接着，他又遵照师父的教导，将书斋中的其他中医著作像蚂蚁啃骨头一样逐一啃了下来，不但能做到倒背如流，而且能说出某段某方载自何页何处。

有一次，老祖母看见金里千房中深夜还亮着灯，走进去一看却找不到人影，再仔细一找，原来孙儿坐在蚊帐之中，蚊帐的四周贴了好多纸条，不知道在搞什么名堂，于是就问："小祖宗，我道怎么找不到你，你躲在蚊帐里做什么

啊？”“老祖母，热天蚊子多，我将方剂歌写在纸上贴在帐上就着灯光读背，就不怕蚊虫咬了。我背熟一张撕掉一张，撕完就睡觉。”老祖母看到孙儿学习这么认真，既高兴又心疼，说：“早点睡吧，明天还要早起呢！”随后，她便悄悄地退了出来。

拜师学医，通常要抄方三年，襄诊三年。俗话说严师出高徒，这话一点不假，殷骏生见徒弟跟随自己边抄方边读书两年多，基础扎实，学业猛进，于是提前让徒弟进入襄诊阶段。接诊病人时，他总是先叫金里千望闻问切，书写脉案处方，然后再由自己诊察示范，评论得失，厘定治疗方案。有时故意托病不出，让徒弟直接诊治病人，当徒弟处置不了时，才出面搞定。

1919年春，有一天门外抬进来一个病人，此人头大如斗，满面通红，眼闭唇肿，腮大颈粗，就像哈哈镜里变了形的大头鬼，金里千吓了一跳，生平从未见过如此怪异的病人！于是推说内急要去方便一下，关照病家稍等，悄悄来到内室将病状禀告师父。师父闻说，急忙过来仔细一查，病人肤热灼手，气急声哑，神昏乱语，大便数日未解，脉象浮数，舌红苔焦。师父便跟徒弟说：“这病就是李东垣所说的大头天行，俗称大头瘟，是时行疫毒的一种。李东垣的普济消毒饮你不是背过了吗？急用此方，稍缓则莫救矣！”

“遵命！”金里千应道，急将处方开好，交给师父过目审定。殷骏生看过点点头，关照病家照方速配，半用汤调，时时饮服；半蜜为丸，噙化含服。

第二天，病家前来复诊，病势果见大减。殷骏生对徒儿说道："以后碰到急重病人不要慌乱，行欲方而智欲圆，心欲小而胆欲大。读书备时用，临诊参机变。"说得金里千连连点头，心领神会，以后看病就变得机智沉稳多了。

殷骏生有个小弟名履鸿，字季达，比金里千大三岁，先跟随殷骏生学习中医，因此他既是金里千的内叔，又是金里千的师兄。1916年殷季达考入末代状元张謇创办的南通医学院，每次放假回来，金里千总要把殷季达所学的教科书借来阅读，学习了解西医的微生物、寄生虫、化验、解剖、消毒、麻醉、手术等知识。

1919年殷骏生又收了一个徒弟，姓顾名庭堃，字景亭，比金里千小三岁。顾家原籍昆山，为顾鼎臣的后裔，清道光年间迁居角直，其曾祖少竺，叔祖守之，祖父桐君，父亲韫石，三世行医，闻名遐迩。可惜顾景亭生不逢时，在出生才九个月的时候，其父韫石患上了烂喉痧重症，病危弥留之时，将襁褓幼子景亭托付给师兄殷骏生，嘱咐他"勿使顾氏三世家学后继无人"，殷骏生当即慨然相允。十五年之后践约收徒，这样一来角直镇日后又多了一位名医。

第五回　开业义诊　旗开得胜

话说金家的西邻原有金姓族人的老宅，占地两亩许，太平天国战乱年间因失火而焚为一片荒地。1917年夏，老祖母将此宅基地买了下来，建造了三间新屋，备作孙子的婚房。新屋的中间是花厅，水磨方砖铺地，前后都有天井；两翼则是铺上广漆地板的卧室与碧纱橱分隔而成的边厢。

1918年春，在老祖母戴氏的张罗下，金里千与殷绥兰小姐喜结连理。新婚第二天一早，小夫妻一起来向老祖母请安，老祖母取出三千块银洋交给孙儿，说道："老话说先成家后立业，现在你家已成了，学医也快出师了，应该要考虑自立门户独当一面了。这里有三千银洋你拿着，作为你以后兴家立业的资金吧。"

接着金里千便开始筹划开业的准备工作，新房的北面还有一片空地。他在此又扩建了五间瓦房，靠北的两间用作墙门间与挂号室，其南的三间为今后看病的诊室。墙门间沿街临河，东西各有一河埠，因为角直是典型的江南水乡，交通主要靠船，临河病家就诊比较方便。

金家有个女佣阿珍，她有个儿子名叫盛品仙，读过三年书，后因家贫失学在家务农。品仙上学时经常来母亲处玩，给老祖母的印象是比较忠厚老实的，又读了点书，能写会算。老祖母想到，孙儿开业以后总需要有个可靠的人贴身照料，品仙倒是个合适的人选。于是老祖母便和阿珍商议："我想叫小品仙留在里千身边作为跟班，负责做好诊所的挂号记账、病人接送、洒洗打扫，以及出诊随侍等各种琐碎杂务。至于佣金，除了固定的月规之外，再给予挂号费提成，你意下如何？"阿珍说道："老夫人请放心，阿珍一切听从老夫人的安排。我家品仙能跟金先生做事也是他的福分，我高兴都来不及呢！"

1920年冬，金里千的"春常在室"诊所挂牌开业。金家临街的大门的门框由花岗石围砌而成，中间是两扇黑漆大门，门楣上方嵌有五块淡灰色的水磨方砖，砖上刻有"金里千医室"五个隶书黑字，左侧门框上挂着一块"金里千内妇大小方脉"招牌。走进大门便是客堂间和挂号室，客堂的南面是个大天井，穿过天井再往里走，便是金里千的诊室——春常在室。开业那天，殷骏生请来了本镇名医汤逸生、吴医世交顾允若前来捧场。

汤逸生原籍常熟，与殷骏生同年，同样也是出身于中医世家，幼读经史后弃儒业医，在甪直镇东市上塘街购屋挂牌行医。汤逸生内科擅治夹阴伤寒，外科擅用虫类药治疗疔疮痈肿。1913年，嘉定人顾维钧之母病重，上海各中西名医皆束手无策，后经人举荐，顾维钧请汤逸生去嘉定治病，以每日诊金十元先包十天。汤逸生到嘉定后，调治数剂，顾母即见好转，延治两月之后竟完全康复。顾维钧为表感激之情，在家大摆宴席三天，汤逸生面南首席，顾维钧亲自敬酒，子女跪拜叩谢。三日后，顾维钧将一块手书斗大“国手”金底黑字的大金匾，并载厚礼将汤逸生送归角直，汤逸生的名声就此远播。

在金里千眼里，殷骏生与汤逸生都是身手不凡的师长。殷岳丈辨证论治章法严谨，汤逸生理法方药别有风范。汤逸生擅外科，尤其对蟾蜍很有研究，他自制的以蟾蜍为主的一种外用药叫作神蟾散，敷治疮疖非常灵验。有时甚至直接用新鲜的蟾蜍皮贴敷痈疽，效果奇佳。金里千对汤氏就地取材药专力宏的单方验方，以及虫类药的独特疗法非常推崇。他平时要是遇到汤逸生先生医治过的病人，经常会索要汤先生的药方后收集或誊录下来，用以研习汤先生的诊疗套路，学到了不少独特的临床用药经验。

顾允若乃是苏州大名鼎鼎的世医“七子山顾”的传人。顾家先祖初以妇科闻名，特别是其太姑母顾德华在道光、咸丰年间于苏州行医时，享有盛名，以至于吴中士绅夫人争相延诊，门庭若市。因顾家世居苏州七子山畔，故在民间提到“七子山顾”的医号，基本上是家喻户晓的。顾允若在继承家学的基础上，更扩充于内科，且在治疗风痨臌膈等疑难杂症方面独树一帜，而立之年已能脱颖而出，享誉吴中，被推举为首届吴县医学会的副会长。

这次顾允若能来角直，一方面因顾家与殷家是世交，另一方面又是眷顾兄弟之情。事情发生在去年，角直富商徐老先生患血淋之症，病家请来顾允若、殷骏生等医家会诊，当时金里千随师同往。在讨论病案时，顾允若破例让金里千说说自己的看法，金里千认为此病是湿热瘀结所致，建议选用《金匮要略》中的蒲灰散治疗。顾允若非常赞赏，夸奖金里千后生可畏，在运用经方治疗杂病方面很有水平。事后金里千有意要拜顾允若为师，顾允若说：“你既是殷老的高徒，按辈分只能弟兄相称，不妨结为忘年之交吧。”这次金里千开业，顾允若自然要来为弟兄捧场了。

镇上有一家蜡烛店，店主姓张名阿贵，他有一个小妹嫁到斜塘，家境贫困却又患了伤寒证，半个多月屡治不效。这天上午，张阿贵又到斜塘探病，只见小妹热势不退反甚，拖下去恐怕是凶多吉少，于是便对妹夫说：“听说今天金里千医生开业，义诊三天，又有名医到场助阵，我们何不送妹子到角直去碰碰运气？”妹夫听说后，非常赞同，马上找人帮忙开船载送妻子来到角直，将其背进金里千诊室。金里千诊察了病人的症状、舌苔与脉象，又看过了前医的脉案处方后，对病家说："本地老百姓将外感发热的毛病统称为伤寒证，往往容易吃错药。你妻子患的是湿温病，属于广义伤寒中的一种，与正伤寒的病症是完全不同的，治疗应该清利湿热，不能误用伤寒论的方剂来治，所以用桂枝汤或白虎汤来退热是不能见效的。"接着开了二帖三仁汤，嘱病家回去煎服，后天再来复诊。

接着又有人扶着一位陈墓的凌大爷进来，对金里千说："金先生，家父近来不知生了什么怪病，小便浑浊，色白似泔，有时还夹有痰块和血丝呢。"金里千见凌先生年纪六十开外，面黄消瘦，动则气短，舌边齿印，苔薄白腻，按其脉象则是沉细无力。他对病家说："这个病症叫作'膏淋'，老先生的病症是因为脾肾两虚，气化失司，清浊不分，精微下泄所致。宋代《杨氏家藏方》有个萆薢分清饮是治疗膏淋最常用的方剂，但是对他来讲恐怕效果不大好，我现在将此方与补中益气汤合方并用，估计效果会更好些。服完这三帖药再来复诊。"

金里千陪着三位师长在饭店里吃好午饭，来到诊室门口，只听见里面传来一阵阵小孩的哭叫声。刚进门，就见板桥头的张阿姨手里抱着那个哭闹着的小孩迎上来说："先生快救命！"金里千说："莫急莫急！你们先把孩子的发病情况说一下。"张阿姨说："我家兴儿早上还是鲜蹦活跳的，饭也吃得好好的，不知怎么的下午肚子痛得绞来绞去直打滚。镇上人都说你这里有义诊，好在路近，所以先到这里请你给瞧瞧。”“你们有否给孩子吃过生冷瓜果？中午饭菜吃的是什么？”金里千问道。“没吃什么瓜果零食，中午吃的饭菜也是容易消化的。”张阿姨回答道。金里千将兴儿放在诊察床上仔细勘查了一遍，发现兴儿除了腹痛拒按之外，手臂大腿上还有些红疹与抓痕，叫张阿姨仔细想想兴儿中午有没有吃过特别的菜。张阿姨想了一会儿说：“要么早上二弟拿来几只‘六月黄’，我将它烧成面拖蟹，给兴儿喂了点蟹黄与面酱。”“那就对了！兴儿就是中了蟹毒了。”金里千说完，转身来到后院摘取了一撮紫红色的草药递给张阿姨说：“这是紫苏叶，专解蟹毒，你赶快拿回去加些生姜、红糖煎成汤喂兴儿喝，一个时辰以后再抱过来看看。”

诊室与新屋之间原本是一个荒芜的园子，金里千叫人在园子中间用砖铺上一条路，又叫品仙用锄头将路两边的荒地翻过，挖去碎砖残瓦后又填上新土，再在其中种上牡丹、芍药、薄荷、紫苏等各种花卉草药，把这里变成了百草园和花药坛。这些花卉草药不但起到了美化家园的作用，又可用于备急药材之需。

果然那些紫苏叶今天就派上了大用场，张阿姨拿回去赶紧如法煎煮，给兴儿服下不到半个时辰，兴儿就不再哭闹了。张阿姨抱着兴儿逢人便兮:“金先生的草药真灵,兴儿喝了药汤以后肚子也不痛了,皮肤也不抓痒了。”第二天陈墓的凌大爷病情好转,复又介绍病人来诊。第三天斜塘的张小妹开船过来复诊,发热得退,病势大减,又有两个病人跟船同来就诊……

第六回　蛛丝马迹　虫口夺命

角直镇的西南方有个小乡镇，名叫车坊，离角直镇二十多里地，金里千的外婆家就在那儿。车坊也是一个水网之乡，这里的农民多以水田作业为主，除了水稻之外，还种植菱、藕、荸荠、茭白、鸡头米、席草等水生作物。交通较之角直尤其闭塞，高明的医生亦很少，但凡镇上人患了重病，大多要用船载送到角直或苏州看病。

就在金里千开业的第二年春天，车坊乡长张宗昌的五岁独生儿子福生得了一种怪病：一会儿腹痛腹泻，便下脓血；一会儿又便秘腹胀，恶心呕吐。已经请了好几个郎中看过，有的诊为痢疾用清肠止泻药则转便秘，有的诊为积滞用消积导滞剂又转下血，有的诊为休息痢用黄连阿胶汤则呕吐不食，有的索性罢手不治嘱咐另请高明。半年之间孩子消瘦骨立，命悬一线。后来张乡长打听到角直殷骏生医生擅治疑难怪病，就开船来到角直，但见殷氏诊室大门紧闭，叩开门一问，才知道老先生自己生病在床，不能临症。张乡长自叹霉运当头，白跑一趟。殷老先生对他说："我有个高徒叫金里千，诊所就在河对面，你儿子的病只管找他看就行。”

张乡长虽有些失望，但转念一想来也来了，不管怎样先试上一试。于是调转船头，在河对面歇好，抱着福生上岸，果见一家诊所大门开着，门楣上镶有一块“金里千医室”的砖雕，门口挂的招牌是“金里千内妇大小方脉”。走进大门，则是挂号室，品仙迎上前去，引领他们跨过一个大天井来到诊室里。诊室有三开间大，中间是落地长窗，四壁及吊顶都刷得雪白，墙中间挂有一块“春常在室”的匾额，两边各有一排靠背长椅，有候诊的病人正坐等着。中间摆放着一张红木的脉案台，一位身材修长、鼻梁高高的医生坐着正在全神贯注地询问病情，年纪虽然看起来轻，但给人以精明干练的印象，想必那就是殷老先生所说的“高徒”了。等到前面的病人诊毕，张乡长抱着他的儿子坐到脉案台边，请金里千看病。

金里千一边号脉，一边观察，只见患儿手脚头颈绝细，腹部额头隆起，萎黄的面皮上还有数个白斑，再简单地浏览过前医的脉案方药，沉思了一会再问：“小孩平时饮食如何？”张乡长说：“说也奇怪，这个孩子肠胃这么差，偏偏要吃硬饭、夹生饭。”金里千再问：“平时是否爱吃生菱、生荸荠？”福生回答：“是的。”金里千心中暗道：“原来如此！”于是便对张乡长说：“你儿子患的既不是痢疾，也不是食滞，而是虫积之病。配方是用使君子二十粒炒香，大红袍花椒六十粒磨细粉，每天临睡先嚼食使君子十粒，过一会儿再吞服下花椒粉半份，花椒粉再麻再辣也要吞下去，第二天再如法将药服完，第三天下午再来复诊。来时须将这两天解下的粪便包着带来查看。”

第三天张乡长果然带着儿子来到诊所，面色焦虑地说：“金先生，这两天我家福儿还是拉下血便，是不是这三个铜板的药力太轻了啊？”金里千问道：“关照你将他解下的粪便带来的，带来没有？”“带来了，喏，在这儿呢。”张乡长将随手提着的一个草纸包一扬。金里千叫他将草纸包拎到天井里。两人在空旷处将纸包打开，只见大便中有点点鲜血样物，金医生用竹片将其剔出来，仔细一看，分明不是鲜血，居然都是嵌在粪便中的血色肉片，大的寸许，小的四五分。

“好像是蚂蟥！”张乡长惊叫起来。

“不是蚂蟥，是姜片虫！”金里千解释道，“蚂蟥与姜片虫都能寄生在人体内，都以吸盘叮牢人体吸血为生。粗看有些相像，但蚂蟥的体型较圆较大，色泽较暗，姜片虫的体型扁薄呈树叶状，色泽鲜红。你家福生以前经常生吃红菱、荸荠，而生红菱、生荸荠上姜片虫的蚴就被他生吞到肚子里，然后长期寄生在小肠里，靠吸盘叮牢肠壁吸血，造成肠壁发炎溃烂，或则狭窄梗阻，所以忽而拉痢下血，忽而便结呕吐。同时还会产生喜食生米、泥土、墙灰等异嗜症。前医执于对症下药，疏于审症求因，所以迭治不效。我是参考了前医经历，再结合福生的症候体征与生活习性，推断为虫积之患。为慎重起见，故先用使君子食饵杀虫，再予花椒粉麻痹虫体吸盘，以利将其杀死排出。现经检查你随带的粪便，足以验明正身，只需乘胜追击对症下药，就能杜绝后患了。”

张乡长按照金里千的吩咐继续给福生吃了十来天的使君子和花椒粉，大便中便再也找不到肉虫血丝了，接着又用八珍糕调养了一阵，就完全康复了。从此张乡长对金里千既是感激万分，又是佩服得五体投地，遂与福生带着厚礼敲锣打鼓前来拜谢救命之恩，并命福生认金里千为“寄爷”（吴语，“干爹”的意思），还专门定做了一块“妙手回春”的匾额挂在金里千的诊室里。

第七回　成人之美　善报有应

张乡长因感念金里千治好了福生的怪病，在车坊逢人便夸金先生医术超群，是儿子福生的再造父母。就有乡人撺掇张乡长说：“既然金先生医术那么高明，现今也成了你的寄亲，你何不将他请到车坊来设诊看病，我等乡间耆老倘若有个生病落痛，也可图个方便和依靠？”张宗昌觉得这个老乡说得有道理，于是就来到角直与金里千商量，由他负责提供车坊开诊的诊室及船只接送，希望金里千能择期到车坊来设诊看病。

金里千被张乡长这么一鼓动，觉得这个主意也不错。车坊的人口不比角直少多少，但是交通不便，缺医少药，自己年纪尚轻资历尚浅，来这里比较容易打开局面；另外车坊原本就是自己的外婆家，外公郭晓江乃是车坊镇上有名的老秀才，因而自小往来比较熟悉；现今与张乡长又成了寄亲，人脉也旺。既然天时地利人和俱备，何乐而不为呢！于是金里千与张乡长议定，每逢星期六便到车坊去设诊看病。

车坊镇上有个男青年名叫李子廉，读过几年书，人精明能干，却因家境困难，只好停学到米店里去学做生意当店员。李子廉家与金里千外公家是邻居，他父亲李东生患有气喘病，经常反复发作，卧床不起。李子廉听说张乡长请来的名医原来就是隔壁郭阿爹的外孙，于是就拜托郭阿爹，倘若金里千来探望外公，顺便请他为父亲看看病。

这一天下午金里千看病结束，拎了二斤新上市的角直萝卜前来探望外公。郭老先生对外孙说："里千啊，俗话说不为良相，便为良医，外公觉得老百姓更需要的是良医啊。你母亲要不是患病失治，就能活到今天，她要是能看到你成家立业，又被请到娘家来行医，该有多高兴啊！"金里千说道："外公啊，我就是因为感慨祖父与母亲都被病魔夺去了生命，所以才立志学医的，我一定会努力成为一个好医生的！"

吃过晚饭，郭老先生就把外孙领到隔壁李家替李东生看病。金里千经过望闻问切之后，对李子廉说："你父亲患的是喘症，那是一种慢性发作性疾病。明代医家张景岳在《景岳全书》中说：'喘有夙根，遇寒即发，或遇劳即发者，亦名哮喘。'所谓夙根就是病根，中医认为是痰饮，而痰饮之所以易生而难祛，是因为脏腑气虚。因而要拔掉这个夙根不能急于求成，应该采用急则治标、缓则治本的策略来治。"

"那目前家父的病该怎么治疗呢？"李子廉问道。金里千解释道："你父亲目前属于急性发作期，就要采取急则治标的治法，以祛痰蠲饮为主，汉代张仲景的小青龙汤及清代叶天士家传的金沸草散都是比较有效的配方。用此类方药将症状控制稳定下来之后，就要用参蛤散等方及时补益正气，只有正气充足了，痰饮就不会遇寒即发或遇劳即发了。"

就这样，李东生的咳喘病经过金里千采用叶氏金沸草汤治标、参蛤散固本的治疗方案精心调理之后，果然日见起色。从此以后，李子廉一有空就到诊室去帮忙照应病人，洒洗打扫。两人无所不谈，交谊日深，结为知己。金里千觉得李子廉为人忠厚，精明能干，怎奈时运不济，甚为可惜。

有一天李子廉告诉金里千，自己所在的米店看上去就要倒闭了。金里千问他怎么会这样。李子廉叹了口气说："米店经营得好应该是蛮盈利的。可是米店老板一则资金不足，二则不善经营，生意越盘越小，眼见维持不下去了。一旦米店关门，我可就要失业了。"金里千说："既然这样，你何不将米店盘下来自己做？"李子廉说："我的家底金兄你又不是不知道，不要说盘店，就是买柜台的钱也拿不出来啊！"金里千说："我对你有信心，我在钱庄存有一千元大洋，任你支用，你尽管放心去干！"

李子廉有了金里千的撑腰，果然将米店盘了下来，时来运转，米店的生意在李子廉的经营之下竟日渐地兴旺起来。后来他又开设了米行，囤粮外销，又逢通货膨胀，屯下粮米后粮价节节暴涨，一下子便发了起来，几年下来便成了当地最大的米行老板。

有一句老话说："成人之美，必有善报。"1939年金里千被金鸡湖匪绑架，家人焦急万分而又一筹莫展之时，就是李子廉挺身而出把金里千解救出来的。

第八回　婚礼自残　压脉救命

金里千的金兰兄弟萧乃震从上海回甪直了，他这次回来是遵父母之命、媒妁之言，与宋德芳完婚的。萧家在甪直镇上也属于书香门第，里中望族。萧乃震的父亲叫萧冰黎（1881—1946），名钧，执教于甪直镇的县立第五高等小学，博学多识，能书善画。萧冰黎经沈柏寒介绍加入同盟会，并任同仁堂理事兼文书、乡议会副议长等职，热心于镇上的公益事业，积极参股筹建了甪直六通轮船公司、电话局、发电厂等市镇实业，还曾发起修复陆鲁望先生祠、清风亭及甫里先生墓。早年同学屡劝他出山从政，他都是托病婉言谢绝。

萧家的老宅就在甪直镇中市上塘街，占地一千多平方米，它原为镇上杨姓武举人建于清光绪己丑年（1889）的宅子，后来被萧冰黎购下居住。现在的萧宅则是古镇中保存十分完好的清代民宅。

萧乃震与金里千一样，甫里小学毕业后便由父母作主订好了一门亲，女方乃是宋家的千金叫宋德芳。宋家在甪直镇上也称得上官宦人家，属甪直镇“四大家族”之一。其先祖在清代官居臬台，正三品衔，掌管一省的司法、监察及驿传事务，所以在角直镇上曾有“宋家的顶子”之名号。不过萧乃震始终抱持着出洋留学的宏愿，而不甘于留守古镇水乡。作为乡贤教师的萧冰黎，也支持儿子的志向，先是将其送去上海读中学，后来又供他出洋到德国求学，攻读化学博士。萧乃震海外学成回国，很快就在上海这个十里洋场谋到银行经理之职。萧冰黎夫妇见儿子国外留学回来，年纪已经不小了，一方面与宋家面议挑选吉日，一方面命儿子乃震回到角直来与宋德芳完婚。

萧乃震原本就是英俊潇洒、风流倜傥的美男子，身边不乏裙衩粉黛，回国时居然有一位金发碧眼的德国女郎莉利追随而来。怎奈父母之命难抗，媒妁之言难违，萧乃震只得先与莉利从上海乘火车到昆山，哄骗莉利说自己先回角直乡下去吃喜酒，叫她在昆山的旅社里暂住两天，等他回来后再回上海。安顿好莉利以后，他舒了口气回到家里，任由父母安排与宋小姐完婚。

莉利一个人留在昆山开始是感到孤独，继而对萧乃震的行迹感到可疑，于是向旅社老板打听怎样到角直去。旅社老板帮她雇了一辆黄包车，把她送到正阳桥码头乘上轮船，并吩咐船工待船抵角直靠岸后即通报萧家来接人。萧乃震听说莉利追到了角直，只得硬着头皮去接人。

那天从早晨开始就一直下着雨，角直的石子路原本就高低不平，被称为“鲫鱼背”，雨后更加湿滑难行。水网封闭的千年古镇，赫然出现一对男女青年——穿着笔挺婚礼西装的萧乃震，手挽着一位金发碧眼、身穿低胸露肩长裙的外国女郎，她脚下的高跟鞋在石子路上不听使唤地打滑，萧乃震几乎是半扶半抱着她往家里走。二人所经之处，尽是人们惊奇的目光，他们纷纷从门缝、窗口探头，像看西洋镜似的张望着，嘴里还在呼唤着：“阿姐、妹子，快来看西洋小姐到角直来哉！路也不会走，还要人家抱呢！”好事者发出“噢……”“噢……”的起哄声。

好不容易回到家里，萧乃震向家人介绍说莉利是他德国留学时的学妹，这次特地赶来参加婚礼吃喜酒的。而当莉利看到萧乃震的西装口袋上的插花提出疑问时，萧乃震则说自己是新郎的男傧相搪塞了过去。

谁知这场婚礼中真正的男傧相乃是金里千。金里千既是萧乃震的结义兄弟，又是宋德芳的表兄，他早早地来到萧家帮忙筹划接待工作。偏偏天公不作美，吃过中饭后雨越下越大，变成了倾盆大雨，迎新的仪仗和陪嫁的嫁妆全被淋湿了。金里千心里暗暗犯愁：今天的婚事恐怕有点不吉利呢！这时，但听得有人喊：“新娘子来哉！新娘子来哉！”大家赶忙出去接新娘。新娘子宋德芳被媒人与丫鬟拥簇着扶送到大厅，金里千也将萧乃震推送到新娘身边，开始拜堂了。

坐在宾客席里的莉利虽然是德国姑娘，但是身临中国式的婚礼时，还是多少看得清谁是婚礼的主角的。她原来还信以为萧乃震是金里千的男傧相，至此方始明白自己心中的恋人萧乃震恰恰就是这场婚礼的新郎。一种被欺骗、被羞辱的感觉像激流一样穿透她全身，她愤然将茶几上的茶盏打碎，狠命地用瓷片在自己的手腕上划了下去，只见殷红的血喷溅而出……

莉利这一突如其来的举动把大家都惊呆了。“勿好哉！外国小姐自杀哉！”厅堂上顿时骚乱起来……幸而金里千在场，他知道割腕自杀性命攸关，当务之急就是争分夺秒地进行现场止血。于是，他马上就用手指使劲掐住莉利小姐左手的肱动脉上方，再在创口的上方用扎带压迫固定好，基本控制出血量，再让萧家雇了一只快船，将莉利送住苏州医院抢救……事情闹到这个地步，萧宋两家的婚礼也就此作罢了。

宋德芳是一位坚强的女性，她与萧乃震解除了婚约以后，没有被婚姻的意外不幸所击倒，反而自强不息，先在上海完成了中学的学业，继而也来到德国深造学习微生物学，成为角直镇上第一位出洋留学的女博士。而萧乃震回到上海后，结识了多才多艺的成家和并最终与其成婚。1947年他们的女儿诞生，取名萧亮（艺名萧芳芳，香港电影明星）。这些都是后话了。

第九回　感染肺痨　葎草愈病

金里千自小就有肝阳头晕的毛病，体质素虚。15岁跟师父学医以来，由于长期近距离接触病人，不知不觉间染上了肺痨。开始的症状是干咳、潮热、盗汗，后来出现了几次咯血。肺痨就是我们现在所说的肺结核病，这是一种慢性消耗性的传染病，当时被民间称为“肺痨”或者“痨病”，属于中医“风痨臌膈”四大难症之一。

殷骏生看到女婿金里千患了肺痨，先是应用苇茎汤配伍花蕊石散煎服，缓解了咯血之症。苇茎汤方出唐代孙思邈《千金方》，由苇茎、薏苡仁、瓜瓣、桃仁组成，擅治肺痈咯吐脓血。花蕊石散出自元代吴门先哲葛可久的《十药神书》，具有散瘀止血之功，尤其适用于痨症瘀血内阻、吐血量多者。

殷骏生说苇茎是汤方中的主药，一般药店里的饮片既不地道，又是干货，精华尽失，不如现采的鲜品效果好。金里千闻言就在自家后门口的河滩边挖了一些芦根来准备入煎。老丈人一看连忙罢手阻住：“你挖的是芦根，哪里是什么苇茎啊？”“苇茎不就是芦根吗？”女婿问道。老丈人说:“现在的医生往往识药不全,辨药不精,药店里也每每用芦根来充代苇茎。芦根与苇茎两者看似相同,其实有异:芦根乃是生于浅滩旱地的根节,色灰暗而枯黄;苇茎却是取自深水下芦苇的嫩茎,色白而鲜嫩。故苇茎能入肺经而清痰热,效果当然比芦根要好得多。”

在二十世纪二三十年代,中医治疗肺痨主要靠中药调理及饮食静养。西医对结核病的治疗一般亦以疗养为主,其原则为:完全休息、加强营养、呼吸新鲜空气、保证充足阳光,以提高病人的免疫力,从而抵御结核病。当时链霉素、异烟肼等特效抗痨药都还没有问世,治疗结核病更是无药可施,因而治愈率低,病死率和复发率高,70%—80%的中度和重度病人在10年内死亡。

金里千服用了苇茎汤和花蕊石散的药方后,咳嗽咯血有所缓解,但他自知标症虽解,其病难愈。最好的办法是寻到一处清静的宅园独居,一则可以安心调理静养,二则可以避免传染给家小亲友。

金里千的胞妹婉芳于1920年嫁入苏州铁瓶巷任家,其丈夫名叫任叔英。当时铁瓶巷里住着两个赫赫有名的人物:一个叫任道镕,另一位叫顾文彬。任道镕就是任叔英的祖父,官居山东巡抚、河道总督。顾文彬乃道光进士,官居浙江宁绍道台,顾家与金家也有姻亲之交。因而金里千经由任家出面,借居于顾家的私人花园——怡园中养病。

怡园原来是明代尚书吴宽旧宅，后由顾文彬购下，翻建营造9年，耗银20万两，于1882年建成。怡园在造园艺术上博采苏州园林之长，辟有复廊、水池，假山、洞壑、石舫、画斋、琴室等，布局自然，小巧雅致，山池花木，疏朗宜人，堪称园中精品。园成之后，江南名士多来雅集，既有顾鹤逸、陆廉夫、郑文焯、吴昌硕等人开创的怡园画集，又有吴门琴家叶璋伯、吴浸阳、吴兰荪等人创办的吴门琴会，可谓名盛一时。

金里千置身于风景如画的怡园中养病，在修身养性的同时又获得了书画艺文的滋养，十分有益。顾家有一“过云楼”，是江南著名的私家藏书楼，世有“江南收藏甲天下，过云楼收藏甲江南”之称。金里千因采集苇茎之事经殷岳丈一点拨，认识到自己在中草药方面的知识还非常贫乏，正好借在怡园养病之机加以充实提高，于是就在过云楼借到金陵版《本草纲目》仔细研读。《本草纲目》载药1892种，怡园中所有的供人观赏的花木藤草、金石虫鸟，在金里千眼中都是《本草纲目》中的药材，全都予以逐一比对和考察。

几个月下来，他发现还有很多常用的中药材是怡园中找不到的，譬如半夏、南星、桔梗、半枝莲等，必须深入到民间山村去寻访，才能掌握更多的中药材知识。于是他又经常走出怡园，来到苏州郊外，逐一寻访与考察民间的中草药。

有一次他来到天平山后山头，看到一对父子放下满筐的何首乌，坐在山路边歇息，一问才知道他们是枫桥马涧人，长者名叫李阿木，其子名叫李金宝，一向以采药为生。前几年他们在枫桥白马涧开了一家“李记药铺”，除了收药售药之外，还经常上山采药，日积月累下来，他们对苏州的地方草药烂熟于心，如数家珍。

李金宝问金里千：“先生因何也来山中采药？”金里千回答说：“我本是甪直的中医，平时忙于诊务，没有机会出

来考察药材。现因患肺痨在苏州养病，故而借此机会出来寻医访药。”李金宝说：“我们在这里采了那么多年药，很少看到有医生亲自出来采药的。做医生的确实需要懂点药材常识，特别是城里的医生因为缺乏中药常识，开的处方常常会出错闹笑话。”金里千接着说：“俗话说‘单方一味，气死名医’。像你们这种常年采草药的朋友手里就有很多单方验方值得我们学习。我想请教李先生，本地民间可有治疗肺痨的良方？”旁边的李阿木听了插进来说：“我们这里有一个偏方，就是每天用野毛藤二两炖汤，连喝3个月，先生不妨一试。”

金里千回到怡园翻阅资料，查到李阿木所说的“野毛藤”原来就是《本草纲目》中的“葎草”。葎草，一年生蔓草，好生于荒地、沟边、墙边、篱笆边，叶片为五角形，两面均有粗糙刺毛，藤茎长而蔓延，密生倒钩刺，摸着有点儿扎手，皮肤不小心被它割破时会留下红色条状伤口，所以民间也称它“割人藤”。

《本草纲目》称葎草具有“益五脏，除九虫，辟瘟疫”的功效。金里千联想到肺结核是由痨虫引起的疫病，而葎草居然能够除九虫、辟瘟疫，所以用葎草治疗肺痨病不但完全适用，而且又能益五脏，久服亦无虞。李阿木所讲的这个单方显然很有道理，值得一试。从此金里千天天如法炮制，在饭锅上炖葎草汤来饮服，固然日见起色。再加上怡园、天平山风景如画，空气清新，调养了一段时间，肺痨居然在不知不觉中日渐得以痊愈。

此后金里千就与李氏父子结为至交，经常随同他俩到乡间去采集中药材。一年下来总共辨识采集到了1000多种地方草药，同时又将流传于民间的各种单方验方收辑成册。

随着对地方草药的考察的深入，金里千的用药经验越来越丰富，诊治思路也更加灵活，逐渐形成了一种独特的医疗风格。他开的药方通常药味精练而又置办方便，药价低廉而又疗效明显。这种简、便、廉、验的医疗特色，特别受到广大农民及城市平民的欢迎和赞许。

第十回　弟兄鼎力　呼救保圣

1923年7月初，蔡元培先生与周峻女士结婚，婚礼选择在苏州留园举行。金里千的堂弟金家凤作为蔡先生的本地学子陪侍左右，金里千也作为宾客参加了他们的婚礼。就在婚礼之期，北大教授胡适寄来了贺信，其中写道："建议二君在吉期之日发起成立'抢救保圣寺唐塑组织'作为新婚纪念。"蔡元培先生欣然接受建议，首捐银元一百元，以资抢救唐塑的启动基金。蔡元培的婚礼怎么会与抢救甪直保圣寺的唐塑扯上关系呢？这件事说来话长：

原来这保圣寺本是甪直镇的一座古刹，原名叫"保圣教寺"，始建于梁天监二年（503），与著名的"姑苏城外寒山寺"一样，同为"南朝四百八十寺"之一。宋代时香火最盛，寺内殿宇达五千多间，僧众有千人之多，寺庙范围达半个古镇。特别是保圣寺大殿中的塑壁山水罗汉，被人们称为稀世珍宝。

原来大殿的正中为一尊释迦牟尼大佛，端坐在云海山崖之中，左迦叶右阿难侍立两旁。两侧的石壁上则有十八尊彩塑罗汉或坐或立，姿态不同，神情各异，形貌如生，错落在云崖浪花之间，完全脱离了一般寺中罗汉排列呆板的形象。这种大胆的构思和高明的艺术，非常地罕见，据考为塑圣杨惠之的杰作，古称海山罗汉。殿中尚有“梵宫敕建梁朝，推甫里禅林第一；罗汉溯源惠之，为江南佛像无双”的抱柱联，是赵孟頫于元代至大年间避迹保圣禅院时所题。

但是随着时代的变迁，加之战乱和人为破坏，保圣寺就像一个白发老翁日渐衰败。其间曾经历过唐大中八年（854）和宋大中祥符六年（1013）两次规模较大的重建和修葺。到了明代嘉靖年间，殿屋朽漏、僧房倒塌，因财力不济而无力修缮，僧人纷纷出离，寺院日益荒芜。清代乾隆年间金家七世公金成自京城还乡，看到保圣寺一片败落景象后十分感慨，写了一首《甫里竹枝词》：“断梁佛殿创梁朝，保圣禅堂今寂寥。天下闻名活罗汉，劝郎修造免飘摇。”可谓是倡议修造保圣寺与活罗汉最早的呼吁书。他看到大殿上的抱柱联都已斑驳脱落了，于是模仿赵氏的笔法重新书写后补上。咸丰年间，保圣寺在经历了太平天国中战乱摧残之后，不只僧房倒坍，大殿更是濒临倾圮之境了。

1920年金里千与堂弟金家凤读到七世公金成呼吁修复甪直镇保圣寺的竹枝词遗作，对保圣寺的破败与罗汉损毁的现状十分忧心，同时也知道修造保圣寺与罗汉是一件大工程，不是一己之力所能办到的。于是通过金家凤在北大就学的机会多次向蔡元培、胡适之、马叙伦报告求助。1922年邀约时为北大教授的亲戚顾颉刚与北大校医陈万里前来考察摄影。

当顾颉刚进入大殿时，但见大殿已经梁断屋漏，西北部塌了一角，大佛座身之后也几乎全塌，十八罗汉的四尊真迹中有两尊都已倾倒毁坏了。顾颉刚很是着急，回到北京马上写信并附寄照片给中华民国首任教育总长兼北京大学校长的蔡元培，蔡元培闻讯后非常重视，计划在与周峻女士苏州结婚之期亲自到甪直保圣寺予以现场考察。顾颉刚又写了《记杨惠之塑像——为一千年的美术品呼救》《杨惠之塑像》等六篇文章，发表在《努力周报》《小说月报》等报刊上，引起了国内外有识之士的关注和重视。新文化运动倡导者胡适对此事也十分支持，他在给蔡元培与周峻结婚的贺信中建议成立抢救保圣寺唐塑的专属组织作为新婚纪念。蔡元培先生欣然接受建议，首捐银元一百元，以资抢救唐塑的启动基金。

蔡元培与周峻婚后因即赴欧洲之游，不能亲赴甪直勘视保圣寺，故而交由时任交通部总长的叶恭绰随同金里千、金家凤两兄弟来到甪直现场勘察。叶恭绰看到保圣寺因年久失修，梁断寺塌，塑壁罗汉断手拆足，十分痛惜。当时甪直尚处于乡董自治时期，叶恭绰在与沈柏寒等乡董的接触中发觉当地一些人借口破除迷信，不但对保护唐塑持消极的态度，甚至有坐等保圣寺倒坍后用来扩充学校用房的想法。叶恭绰十分担心，立即将保圣寺的现状向蔡元培报告，蔡元培亲自写信给甪直教育会长沈柏寒先生，明确指出：“保圣寺罗汉像是塑圣杨惠之留下的艺术珍品，应当保存传世，请即雇工将罗汉连座拆下，放置在室内玻璃柜中，妥善保存备用。”

沈柏寒接到蔡元培先生的信函不敢懈怠，将蔡元培“抢救唐塑”的意见转呈给苏常道尹蔡师愚，并请指示。蔡道尹又派员到甪直实地考察，并编造预算，维修经费需七万银元。时值军阀当道，经费无法落实，修复无从实施。为了防止风雨岁月的侵蚀与不肖之徒的损坏，蔡道尹作了三项规定：1.将现在比较完整的罗汉塑像连座拆下，放入室内保存；2.在大雄宝殿周围筑一道围墙；3.甪直警察分局在保圣寺设岗，日夜派员守卫。面对这样的结果，蔡元培知道虽然无济于事，但寺庙罗汉总算还能保存下来。于是他又写信给江苏省教育会、上海美专，请他们共同督促甪直教育会遵照蔡道尹指示办理。

金氏两兄弟看到抢救保圣寺唐塑罗汉的事项虽初具眉目，但具体实施还需继续努力推进，于是就在金家凤返回北大就学之前两人商定：由金家凤继续在上层做好呼吁请命的工作，由金里千在当地做好保圣寺的监护联络工作。

第十一回　癫痫顽疾　巧用遂心

角直保圣寺南面有一顶小桥，名叫香花桥，香花桥与保圣寺之间有一条通道叫作香花弄，这是人们进入保圣寺的必经之路。保圣寺山门之北有一家添号财源饭店，店主人名叫沈汉伯，因是正月初五所生，故取字财源。沈财源原籍昆山陈墓，据说是元末明初富商沈万三的后人，因系庶出而自幼受人歧视，十多岁就离家前往昆山城里的德意楼饭店当学徒，学到了一手精湛的苏帮菜厨艺，出师之后来到角直，看中了香花弄这个人来人往的好市口，在弄里租了一个面东的宅子，先以"财源卤菜"做出名来，后又扩大为"添号财源饭店"，经营饭菜酒水。

添号财源饭店的老板娘名叫朱榴官，原本也是角直东栅朱家大户人家出身，在家时父母为她议过好几门亲，她不是嫌对方吃喝嫖赌、好吃懒做，就是嫌对方游手好闲、不务正业……适值朱榴官的父亲朱本仁五十大寿，请沈财源来朱家操办寿宴，沈财源烧的菜肴得到了大家的一致好评。席间，朱榴官的小舅乘着酒兴冲着朱榴官说："榴官，我看沈财源这个小伙子人品不差，又聪明能干，你觉得怎么样？"

朱榴官在这几天与沈财源的接触中，感觉沈财源为人忠厚老实，虽然来自外乡，在角直孤身一人，举目无亲，没有什么根基，但居然能够白手起家，立地生根，很有志气。想到这里，她嘴上虽不吭声，心里倒有几分乐意。

朱本仁看到女儿这次并没有马上拒绝，便接嘴说道："不要你瞎起劲，人家沈财源说不定已经攀好亲了。""那还不容易，问一问财源不就清楚了？"小舅说完便将沈财源叫到一边问道："财源，你今年几岁了？成家了没有？"沈财源红着脸说："属羊的，23岁了，还没有娶妻呢。"小舅说："不瞒你说，我有个外甥女正好与你相配，要不要我帮你说合说合？"小舅见沈财源没吭声，接着说："这个姑娘你认识，就是老寿星本仁的女儿，今天下午跟你学做面筋的那位榴官。"

沈财源这几天与朱榴官交往接触过几次，觉得朱小姐聪明漂亮、热情开朗，颇有好感。现在听小舅这么一说，简直就是鸿运当头，喜从天降。他马上一躬到底，说道："幸蒙长辈老爷抬爱，一切拜托成全。榴官乃是名门闺秀，财源只是学徒出身小本经营，只是怕高攀不上。"一桩姻缘就这么说成了。

角直素称富庶之地、鱼米之乡。一平方公里的古镇上寓居了三百多户乡绅地主，他们在吃的方面自然更是讲究。沈财源娶到的朱榴官也是位烹饪高手，夫妇俩经常凑在一起研究菜肴，相互比试，精益求精，推出了许多名闻乡里的品牌菜，如冰糖酱方、虾仁焖蛋、蟹粉蹄筋、响油鳝丝、清蒸仔鸡、清汤鱼圆、虾子茭白、油焖冬笋、川糟暖锅、甫里鸭羹等。其中，甫里鸭羹是最受吃客追捧的地道名菜。

甫里鸭羹这道菜的来历可以追溯到唐代：据说唐代诗人陆龟蒙隐居甪直，别号甫里先生，平素爱鸭成癖，喜好养鸭、斗鸭、食鸭。每逢家中来客，陆龟蒙都会烧一道鸭菜待客。甫里先生病逝后，寓所的斗鸭池中尚留十余只鸭子，镇上老人商议将鸭子杀了放在先生墓前祭祀。祭祀当天来了上百人，众人商议祭祀后将鸭丁、肉丁、蛋丁及白果等烧成一大锅汤，用来招待在场的乡亲。想不到烧成的汤汁居然异常香鲜可口，浓郁黏稠，给大家留下了深刻的印象。大家回去纷纷如法炮制，并给这道菜取名为甫里鸭羹。就这样，甫里鸭羹这道菜一代一代流传下来，成了本地的乡帮名菜。

添号财源饭店就在甫里鸭羹原来食谱的基础上，加入了虾仁、肫肝、火腿、肉皮及蹄筋诸丁，使得鸭羹的味道更加鲜美。这鸭羹既可下酒，又可过饭；既可作菜，又可充汤。常常焖好了一大锅，吃完再添，最为老吃客所钟情。添号财源饭店在沈财源夫妇的精心经营下，凭着其独特的菜肴与出众的厨艺，几年下来，名闻乡里，生意十分兴隆。

当时镇上“五高”的小学老师们也经常来到添号财源

饭店聚餐，其中的叶圣陶也是饭店的常客，他在晚年时还念及：“饮酒于财源店，店在保圣寺山门外。财源为店主之名，其妻善治馔，鱼虾蔬菜皆可口，而索值不昂。”

话说金里千从苏州回到角直以后，为防有人对保圣寺干出拆殿毁像的勾当，每天清早通常先到香花弄的添号财源饭店吃好早餐，顺便在保圣寺四周兜一圈，然后再回家开诊看病。而每次来到添号财源饭店，他最喜欢吃的早餐就是老板娘亲手做的两面黄生炒面。这种生炒面需用生面下锅，再经煎、炒、焖、烘几道复杂工艺做成，其面的两面金黄香脆，中间的浇头却鲜嫩爽口，使人看到就想吃，吃了还想吃，以至于念念不忘。

有一次金里千来到添号财源饭店吃炒面，发觉这次的炒面与以前的口味大不相同，就问跑堂小二：“今天的炒面好像与以前的味道有些不一样，怎么回事？”跑堂应道：“不瞒你讲，老板娘昨天发病了，今天的面是老板炒的。”沈财源听到了，连忙走过来打招呼：“不好意思，内人昨天夜里又中风了，折腾了一夜还没有恢复呢，所以今朝只好临时由我代做炒面。”金里千疑问道：“中风？以前也发作过？”沈老板说：“是啊，已经发了好几回了。”金里千更疑惑了：“凭我与老板娘以往的接触，感觉她不像中风的体质，再说，我也没见到几次中风过后看不到后遗症的。”沈老板若有所悟：“看来是毛病看错了？难怪吃了那么多药没有一点儿效果！不知金先生能否随我回去帮我内人诊治诊治？”

金里千跟随沈老板来到中市下塘街的家中，只见朱榴官偏胖的身躯靠坐在藤椅上，嘴唇上有点红肿，手里还在剥豆瓣呢。她看见金里千随老公进来，知道是来为自己看病的，就说：“金先生，人家都说你医术高明，你要把我的毛病看好了，我一定会重谢你的！”金里千坐下来边号脉边说：“请放心，我一定尽力而为。请你先将昨夜的发病情况告诉我。”朱榴官说：“我得的是一种怪病，昨天夜里我睡前低头洗脚时被热水一蒸腾，只觉得一阵恶心，头里一晕就昏倒在地。男人发现后帮我掐了一会儿人中，我呕了几口痰涎才慢慢地醒过来……”金里千问：“以前发病如何？”朱榴官说：“以前发过两三回，都是突然发作，情况都差不多，防不胜防。要是我炒菜时腾到热气发作起来，那后果更是不敢设想。”

金里千对沈财源说：“如此看来，老板娘这病不是中风，而是癫痫，本地人称之为‘羊头风’病。羊头风与中风虽然都有猝然昏仆、不省人事的症状，但是此风非彼风。中风反复发作的病例较少，醒后多数会留下口眼歪斜、半身不遂等后遗症；羊头风是一种顽固性不易治愈的慢性疾患，《内经》称之为‘痫厥’‘痫瘛’。此病发作时猝然眩仆，昏不知人，四肢抽搐，两目上视，或口眼歪斜；将醒之时则口吐涎沫，醒后一切宛如常人。其病忽作忽止，有间数日发作，有连日发作，还有一日发作数次者，往往经常复发而防不胜防。老板娘已经昏仆过数次，每次醒来都没有明显的后遗症，你看老板娘昨天刚发作过，今天还能剥豆瓣呢，显然不像中风而是癫痫病症无疑。”

沈财源有些不解：“都说羊头风发作时会发出‘咩咩’的怪叫声，可是我夫人发作时并没有什么怪叫声啊？”金里千说道：“古人虽有‘肺如犬吠、肝如羊嘶、心如马鸣、脾如牛吼、肾如猪叫’这五痫的说法，从而根据病人发出的类似牛羊等动物的叫声来辨证论治，事实上仓促之间旁人也很难分辨清楚什么牛羊之声，况且也并不是每个病人发病时都会发出叫声的，所以有没有叫声以及像什么样的声音都不能作为诊断的主要依据。”

沈财源点头说道：“金先生说得很有道理，照你看来我家榴官的癫痫病该怎么治？”金里千沉吟了一会说：“古人有谓‘百病皆因痰作祟’，老板娘平素躯体丰腴，又常在饭店烹饪菜肴，发作时有恶心、突然昏仆、呕吐痰涎、舌苔白腻、脉象浮滑的症状，就是因为痰浊偏盛、上蒙清窍所致，所以治疗应该从逐痰开窍着手。我这里有一张遂心丸的药方，比较适用于老板娘的病，不过这遂心丸药力比较猛，服后可能有呕泻反应，必须忍耐。”朱榴官说道：“金先生只管大胆用药，只要药到病除，我什么都能忍耐！”

金里千开的药方是“煨甘遂二钱研细粉,用猪心血拌和为丸,分作六粒。每日二粒,用鲜菖蒲一钱、竹卷心五十支、灯心三尺,煎汤送下”。沈财源拿着药方来到苏州阊门外渡僧桥沐泰山中药店,按方配药并制成了遂心丸六粒。

朱榴官服下第一粒后,果然呕吐了许多痰涎,因为事先知道此乃药物反应,所以忍耐着坚持每天两粒服下,三天内将药丸服完,此后三个多月内癫痫果然没再发作过。金里千还是经常来店里吃炒面,每次来老板娘都要请金里千把把脉看看舌苔,金里千总是说:“好多了,好多了。”

沈财源对金里千说:“金先生医术高明,我家榴官自从服了金先生的药方后一直太平无事,我们感激万分!”金里千说道:“虽然我的遂心丸控制了羊头风的发作,但只怕此病还会复发。”沈财源说:“看来我家里还要经常备着遂心丸,万一羊头风再复发起来就可及时服用。”金里千笑着说道:“我这里还有一个药方,可以让老板娘的病除根不发。”老板娘听见了,马上赶过来问道:“金先生真有仙方吗?那再好不过了!快点开方,让我的病早点儿断根不发。”

金里千吃完炒面,叫沈财源取来笔砚纸张,边写边说:“这个药方名叫‘橄榄膏’,方中的主药是青橄榄,现在正是十月中旬,南方的橄榄果即将采摘上市,可托水果店代购十斤。待买到后先将青橄榄打碎,放在大砂锅内熬煎数十滚去核,用石臼捣烂后扔入原汤并加川郁金五两,熬到药汁黏腻无味为度,用纱布过滤去渣,再加入明矾末半斤搅匀成膏状,贮瓶备用。一日二次,每服三钱,开水送下。”十来天后,沈财源按照金里千的要求将橄榄膏制好了,老板娘坚持服用了三个多月,从此再也没见复发。

沈财源的长子沈俊在南京铁路局工作,经常为家中母亲的疾病所忧心。春节休假回家听闻金里千为母亲治好了癫痫病,十分高兴,拿出一只怀表要赠送给金里千,金里千再三拒纳,沈俊说道:“你治好了我母亲的病,我们不知道怎样来感谢你。正好最近我们铁路部门专门定做了一批纪念表,走时十分精确,我刚发到一块,这块表送给你看病时使用最为合适,这是我们全家人的一片心意,请你一定不要客气。”从此,那个后盖上刻有火车头图案的怀表,便成了金里千治病救人的贴身用具、医疗生涯中的忠实伴侣。

第十二回　伤寒垂危　一帖成名

1925年立秋的一天早晨，添号财源饭店里来了一帮农夫，手里分别提着香篮与供品等，看样子是一早从乡下赶来保圣寺烧香的，途经添号财源饭店，先进来吃些早点歇歇脚。老板娘朱榴官看到他们热得出汗，就将他们安排到靠窗的一桌坐下来，问道："客官想要吃点儿什么？"一位中年汉子沙着喉咙说："每人一碗阳春面，外加两个汤团，快点儿！"老板娘知道他们事急，不敢怠慢，很快下厨安排好面点和汤团端上，这帮人匆匆吃过早点，径自出门前往保圣寺而去。

不一会儿工夫，这帮人又回到饭店里来了。老板娘问道："客官烧香怎么这么快？要不就是忘带了什么东西了？"中年汉子一手擦着额头上的汗，一手提着衣襟角扇着风，垂头丧气地说道："唉……真是屋漏碰到连夜雨，倒霉透了！"老板娘安慰道："看客官这么焦急，一定碰上什么急难之事，不妨说出来，我们或许可以帮你们出出主意。"那汉子叹道："多谢店家关心，今日之事全因小儿病危，命在旦夕，求医无门，转来保圣寺祈求菩萨保佑，偏偏保圣寺大门关得紧腾腾，看来我家根宝的性命难保了……”

原来此人本是甪直碛砂村人，姓张名全根，弟兄八人，他排行老三，可惜下一代人丁稀薄，唯独他膝下有一个宝贝儿子，取名根宝。根宝年方八岁，原本身体一直蛮好的。今年夏天，根宝跟随小伙伴们到澄湖滩去学游泳，想不到回家后就发冷发热，不想吃饭，开始以为是感冒没有重视，谁知发热益盛，竟至卧床不起。张全根曾经请苏州、车坊等地名医诊治半月，病症稍许减轻，谁料根宝又偷吃西瓜以致腹泻脓血，神昏惊厥，不省人事。外地名医听闻病情危重，患儿又是八房合一子，怕担风险，全都不肯来诊。“我等求医无门，不得已赶来保圣寺叩求菩萨保佑小宝一命。不想保圣寺已被围起来了，说是官府要保护保圣寺唐塑罗汉，不但封了门，还派兵丁看守着，无法进香。害得我们一家人白跑了一趟，心冷如冰。”张全根说道。

老板娘本是一位热心人，听他们这么一说，同情的眼泪不由得在眼里打转。这时沈老板插话说道：“照我说请金里千去看看，说不定还有救呢！”老板娘经这么一提醒，顿时兴奋起来：“是啊，本镇的金里千先生医术高超，在甪直镇称得上是名医了。早先我患了羊头风病，到处求医都说我是中风病，吃的药根本不见效果。后来还是由金先生确诊为羊头风病，配服了遂心丸与橄榄膏，你看我服药后至今没有复发过。你们何不请金先生去看看，说不定你家小宝真的还有救呢！”沈老板补充说道：“金先生的诊所就在镇西栅金巷桥南堍，你们去请他出诊时就说是添号财源饭店推荐的，一定不要提到小宝是八房合一子……”

金里千上午诊务繁忙，通常都是安排下午出诊。吃过午饭，金里千即命品仙租好一艘快船，随带一个黑山羊皮的出诊包登船出诊。二十世纪初期，苏州城里的医生通常都是租用黄包车出诊的，然而角直本系泽国之乡，水网交错，医生出诊需要租用出诊快船。

这种所谓的快船由农船改装而成，船底阔而平，吃水很浅。船身搭有头舱、中舱和艄篷三部分。头舱稍高，让人站直不至于碰头；中舱略低，两边有小窗以供光照与通风，内设小巧的茶几或桌椅，可供医生出诊途中阅读书写或品茗将息之需；靠后是艄篷，里面放着锅灶碗橱，可以烧饭菜与煮茶水。船家等里千主仆两人下到中舱坐定之后，便在前檐挂上标有“金里千诊室”的大灯笼，再至船尾支起左右两支船橹，同时摇划起来，船速比起一般农船快得多。

金里千上船以后，打开当初拜师时殷老先生送给他的黑山羊皮出诊包，面里除了医籍与笔墨纸砚外，另外备有安宫牛黄丸、苏合香丸、紫雪丹、玉枢丹等应急药品，以及体温表、压舌板、铜药鼓等器械。金里千从中取出一本戴天章的《广温热论》来研读。碛砂村位于角直的西南边，澄湖的东北边，离角直镇六里多路。出诊快船先由张巷南行，再经马公桥入清水江南行，不到半个时辰快船便已抵达碛砂村口。金里千关照船家在此停歇片刻，命品仙上岸踏勘一番。

金里千为啥要叫品仙去村里踏勘呢？原来到江南农村去看病有三个忌讳：一是出诊的快船不能停错船坊河埠，二是医生不能走错人家，三是病人已亡医生不宜上门。如果弄错了，就会被人家指责为“触霉头”，轻则赔罪致歉，重则拳脚相加。因此品仙上岸后先要摸准病家的住址门户与专用的河埠与船舫，此外还需留心观察病家门前的动静，如果发现房檐上覆有蚊帐衣被等物，乃是告示病人死亡的旧俗，就要掉转船头打道回府。不一会儿，品仙回到船上，引领着船家将快船在张家船舫歇好，小心搀扶着金里千踏过跳板登岸来到张家。张全根见金医生到家，连忙迎入客厅，请坐奉茶。

客厅里面早已挤满了人，男的叹着气，女的抹着泪。金里千询问过根宝的病史与诊治情况之后，便由张全根引领前往根宝的卧房。踏进房门，一阵秽浊难闻的味道扑鼻而来。旧时农村人患上了伤寒发热之病，往往主张避风少浴，衣被捂汗，卧室透气性又差，病程越长，秽气越重。谙熟于伤寒病闻诊的金里千，仅凭房内闻到的气味就已经能够判断根宝的伤寒病症已达三候了。金里千坐到根宝床边，只见患儿面色苍白，气若游丝，神志不清，胸腹部红疹淡隐，四肢不温，舌淡苔白，其脉沉微欲绝。

金里千诊毕，与张全根一起回到客厅，说道："根宝之病属于伤寒坏病，伤寒未罢而又下血过多，血随气脱，阳随阴亡，可谓九死一生，危在旦夕！"张全根听说哭出声来："我家根宝可是八房合一子，是我们张家的独苗命根啊，金先生一定要帮我们想想办法救根宝一命啊！"金里千说道："古人有云：已亡之血难以骤生，未亡之气所当急固。目下之计，只有参附黄土汤可以背水一战了。参附汤大补元阳，佐以黄土汤温脾摄血，双管齐下，险中求胜，成败全在这一帖之上了。时机紧迫，我即刻拟好药方，你们尽快派人去镇上配药，我且留在这里坐镇，现场指导。"

原来这药方中有许多特殊的煎煮技巧：如方中人参加红枣宜另炖喂服；黄土须先煎后滤汁，再加入诸药另煎；煎好去渣后再调入阿胶烊化后才能喂服。一旦病家疏忽大意煎煮失当，则会直接影响汤药的效果乃致人财两空，难怪金里千不敢掉以轻心。等到药配来，他亲自指导病家如法炮制。药汤煎好，给小宝喂下后，金里千说道："根宝吃了这一帖药如果能在太阳落山之前醒过来，小命就扳回来了，否则……"张全根等人被金里千的医德所感动，感激之余又纷纷请求金里千多待一会儿，金里千说："你们的心情我理解，这样吧，我先到澄湖滩边去看看碛砂村延圣寺的遗址，有什么情况你们即刻来找我。”

且说碛砂村原本有一江南名刹，叫作延圣禅院。据说此寺始创于萧梁（502—557），宋元年间已有天王殿、白衣观音殿、大雄宝殿、观涌堂、藏经楼等百余间，尤其是此间刻印的佛教经书《碛砂藏》在国内佛教界和雕版印刷史上影响极大，使得碛砂村延圣寺名扬四海，因而曾与云岩寺、保圣寺、灵岩寺并称为“吴中四大禅刹”。但在明末清初时期，延圣寺迭经火劫与战乱，渐致寺宇废圮，僧徒星散，经藏湮灭。金里千站在延圣寺旧址边，看到夕阳之下昔日的江南名刹延圣寺一片荒芜，已成废墟。

正在金里千不胜感叹之时，张全根在远处喊道：“金先生，我家小宝醒来了！请你快来看看吧！”金里千来到小宝床边，小宝已经睁眼，脉搏也有了起复之象。小宝舔着干瘪的嘴唇似乎想要说什么，金里千见了就关照全根夫妇说：“药已见效，小宝的命总算扳回来了。小宝的伤寒已达三候，此时肠道最为薄弱，最容易出血穿孔。目前只能吃一些米饮粥汤等流汁，待过些日子好转后方可过渡到半流汁。俗语说：吃不死的痢疾，饿不死的伤寒。父母一定要监护好饮食，千万不能让他再贪嘴瞎吃。否则前症复发，恐怕神仙也难救了。今天夜里将药再煎服一次，明天下午我再过来复诊换方。”

半月之后，张全根与他的一众弟兄带领病愈的根宝来到金家，在一阵锣鼓声中将一块“恩同再造”的匾额挂到了金里千诊室里的南墙上。张全根叫根宝拜认金里千为寄爷，当众叩谢救命之恩。

金里千治伤寒一帖药扳回一命的故事首先从碛砂村张家开始向外传播，后来在民间又经不断“翻炒”……总之，金一帖的名号从此便在民间传开了。

第十三回　良才结婚　再任男傧

1926年初春，严良才来到金里千家，跟金里千说：“我与殷小菊将于二月初三结婚，届时要请你这位老同学加结义兄弟在婚礼中充当男傧相了。”金里千说：“严良才你这个弄潮儿，与殷小菊恋爱谈得轰轰烈烈，难不成还要来一场惊世骇俗的婚礼？”严良才笑着说：“知良才者，里千兄也！良才的婚礼不但要轰动乡里，还要请创造社的郭沫若先生来证婚呢！”

严良才出生于角直镇红木桥头严大房，严家原籍常熟，其先祖严讷官居明代大学士，从常熟迁到苏州十梓街中，后名严衙前，其弟严谦在明末起迁居角直镇东市上塘街，此后有严禹沛康熙年间考中进士，在角直建社仓、办义学，惠及乡里，成为角直镇上的望族。二十世纪初期，角直严家不但人丁兴旺，而且严家的房产是全镇最大的，从太平桥半埯一直延伸至广济桥北埯，房屋连绵，都是深弄堂大宅院，尤其是严大房中那幢十楼十底的楼房，更是规模恢宏，远近闻名。故当时的乡谣有称：“沈家的金子，宋家的顶子，严家的房子，金家的方子，殷家的儿子……”

严良才与金里千乃小学同窗好友，皆成绩优异，志趣相投而有金兰之交。当时角直镇上还没有中学，金里千小学毕业后因祖母不舍远行故而留在本镇业医，严良才小学毕业后考入江苏省立第一师范学校（今江苏省苏州中学），毕业后先留校任教，又先后在角直的县立第五高等小学、苏州景海女子师范学校、上海尚公学校执教并从事文学创作。

严良才的原配夫人叫宋美英，是金里千的姑表姐，因病早逝。后来严良才与殷小菊相恋，殷小菊字履冰，乃是殷骏生最小的妹妹，因此论辈分金里千需称呼其为小姑母。殷小菊当时在唯亭当小学老师，天性热情开放，反对封建礼教。

1923年暑假，严良才与殷小菊回到角直，两人像上海时髦的青年恋人那样，手挽着手，在镇上逛街。二十世纪二十年代的角直，还是一个被水网封闭着的古镇。他们的行动，对这块土地上的旧风俗旧思想的冲击之大可想而知。他们第一天逛街时，便有妇女、小孩尾随，并逐渐增多成为一长串人。好事者发出“噢……”“噢……”的起哄声。当晚，这一“新闻”进一步在街头坊间发酵着。第二天他们逛街时，尾随者更多，起哄声变成有节奏的童谣：“精精叔、孃孃谷，严良才和殷小菊。”“噢……”“噢……”他们的事更是家喻户晓了。第三天以后，尾随者日见减少，此后数天遂成旧闻，见怪不怪哉！

但是，严、殷两家的长辈却开始干扰起他们的爱情来了。严家是角直之望族，严良才是红木桥头严大房里的大少爷，怎么能娶一个整天抛头露面，还未成婚就同男人手挽手的女人？殷家也是角直的大家族，药材店、商行遍布苏州地区。殷家子弟在上海还开办银行，跟杜月笙杜老板都称兄道弟，又怎肯将自家的黄花闺女嫁给严良才做续弦呢。事情就这样纠结着……

严良才和周全平是好朋友，且都是郭沫若等主办的创造社中的文学骨干。当时周全平在浦东一个农场当营业主任，严良才则在上海尚公学校执教。1925年夏，他们在郭沫若、成仿吾的支持鼓励下，放弃了自己的专业，挺身而出从事文学工作，创办了《洪水》半月刊，旨在宣传反帝反封建政治主张及浪漫主义的文艺创作，在社会上产生广泛影响。周全平曾多次来到角直严家做过客，数年前还与严良才一起探访过保圣寺的罗汉，并拍了一些照片。严良才后又将照片提供给顾颉刚发表在报纸上，对“唐塑保存运动”起了很大的宣传作用。

当时创造社发行的刊物在国内影响极大，特别是郭沫若先生更是大众追捧的偶像。周全平遂将严良才和殷小菊浪漫的爱情故事说与郭沫若听，并请郭沫若利用自己的影响力帮严良才解脱当时的困境。于是，郭沫若先生亲自执笔写了一封信寄到角直镇。信写得很普通，无非是劝双方老人接受新观念、新思想，恋爱自由、婚姻自由云云。这封信让两家的长辈都松了口，事情就这样圆满地解决了。严良才与殷小菊的婚期定在了来年初春，长辈们一致要求证婚人非郭先生不可。郭沫若爽快地答应了这个请求。

1926年的初春，严良才与殷小菊在家乡角直结婚，金里千在婚礼中又充当了男傧相的角色。与此同时，郭沫若作为这场婚礼的证婚人，偕同创造社同仁常云湄，以周全平为向导，一行三人先从上海坐火车到正仪，再在正仪转坐火轮船，来到了江南水乡角直镇。

严良才与殷小菊的婚礼，可以说在角直镇上是旷古烁今而轰动一时的。登临严府的门首，只见悬挂的灯笼、喜幡都是素色的，而且大厅的喜烛、喜帐等用品也是素色的。按照角直的老规矩，夫妻拜堂应该是一跪三叩，三跪九叩。但严良才与殷小菊的拜堂仪式被简化为三鞠躬礼。即“鞠躬天地”“鞠躬祖宗”“夫妻交鞠”，满堂的男女宾客都不免大笑。不一会儿又是新人拜客，“鞠三躬”“鞠二躬”“鞠一躬”。

接下来便是郭沫若致证婚词，司仪请郭沫若先生站到大堂中间的一块踏板上。郭沫若同样向大家鞠了三个躬，首先介绍了两位新人的简况、恋爱过程；其次解释了喜堂采用素色灯彩喜帐的原因，为的是纪念严良才已故的前夫人宋美英，不可结了新人忘旧人；最后以创造社的名义为新人证婚，并祝新人美满幸福。

礼毕吃喜酒时，严良才将金里千及殷季达等亲友向郭沫若一一做了介绍。席间郭沫若对金里千说：“早就听良才说你是他志同道合的同学，文学功底极好，而且医术高明，人称‘金一帖’。未知先生能否出山参加我们创造社的文学革新呢？”金里千回答说：“里千也曾听良才说起郭先生原本同我一样是学医的，为了搞创造社而弃医从政济世革新，十分钦佩。里千一则家境羁绊，二则自知不是良相之才，古人有云‘不为良相，便为良医’，但愿能够做一个良医服务乡里，也就不枉此生了！”

到了晚间，众亲友都被邀进了洞房，郭沫若与常云湄原以为按照老规矩是要闹新房的，想不到洞房花烛夜的新嫁娘完全没有“低头向暗壁，千唤不一回”的羞怯，反而大大方方地给各位亲朋至友敬香烟、派糖果。然后就在新房里摆开了桌子搓起麻将来，新娘与郭沫若、周全平、常云湄一桌，新郎则在新娘身后做军师。其他亲友各自找对子另外开桌，照例的闹新房也就没戏了。几圈麻将搓下来，已是深夜了，客人遂起身，说一声：“新郎新娘请早些歇息吧！”纷纷辞谢而归。

郭沫若对角直的风土人情的印象十分深刻，他在《自传》中写道：“角直于我却有点像物外的桃源……那境地有点像是在梦里的一样。空气是那样澄净，林木是那样青翠；田畴的平坦，居民的朴素，使人于不知不觉之间便撤尽了内外的藩篱，而感到了橄榄回味般的恬适。”更让其始料未及的是，除了新娘子关注到《创造周报》及郭沫若的译作《查拉斯图拉如是说》的情况，更有严良才16岁的小孃孃针对创造社独立出版及出版社的资金筹集提出了募股的解决方案，并当即要将自己的100元私房钱拿出来参股。郭沫若坦言：“可算是角直之行最大的意外收获。”

第十四回　产后哮喘　肺露断根

1926年农历七月，秋老虎十分厉害，虽已时交处暑，却仍酷热异常。角直西栅有一新产妇名叫杜福荏，时年三十，产后未及一旬，某日午后，因体质虚弱，不耐炎热，沉睡于树荫之下。不一会儿，忽然雷雨大作，杜福荏因此暴受风寒雨淋，以致寒热交作，咳喘不已，乃请金里千诊治。

金里千来到病家，但见患者寒热无汗，咳逆气喘，张口抬肩，不能平卧，喉间的痰声宛若拽锯，语言断续，苦闷万状。金里千诊其脉象弦紧，舌苔白而根腻，说道："夫人得的是哮症，俗称'吼大病'。这是一种发作性顽疾，患者大都属于特定的体质，即具有特定的病根，再加上感染风寒或者过度劳累等诱因，就会反复发作，越发越重，经久难愈。明代有位名医名叫张景岳，他把哮喘的易发因素称为夙根，其论见于《景岳全书·喘促》，'喘有夙根，遇寒即发，或遇劳即发者，亦名哮喘'，用于说明哮喘易于复发的特性。从我业医以来的经验来看，哮喘病根好多都是有家族史的，也就是说与先天遗传有关；但也有一部分是后天罹生的，譬如妇女产后因体质下降，加之调养失宜而患病的也不少见。”

金里千诊毕，就拿出方笺笔墨开了一张药方：川射干三钱、炙麻黄二钱、北细辛六分、姜半夏二钱、苦杏仁二钱、蜜紫菀二钱、款冬花二钱、五味子三钱、大枣七枚、生姜三片，三帖水煎。说道：“这个药方乃是以《金匮要略》射干麻黄汤加味组方，对控制哮喘病的发作比较有效，但虽能治标而不能治本断根，恐怕日后还会复发。”

杜福荏服了金里千的三帖药，即寒热得退，喘逆亦平。可是随着寒冬的到来，果然如金里千所预料的那样，受寒即发或则遇劳即发，发则咳喘痰鸣，苦不堪言，再按金里千开的几副中药服下，病情就缓解了。于是杜福荏便找到金里千说道：“我服了你开的药方固然药到喘平，效果很快，但病根不除还老是要发，终究不能除根。大家都说你金先生医术高明，烦请金先生一定要帮我祛除这个哮喘的病根才好。”

金里千沉吟了一会儿，说道：“我平时也经常留心治疗哮喘病的方法，最近看到《张聿青医案》中有一个‘三拗肺露’治疗慢性咳喘的验方，比较适合你产后虚弱的病体，可以一试。”

张聿青先生的三拗肺露原方用不落水猪肺一只、不去节麻黄六钱、不去皮尖杏仁三两、不去节甘草一两，后三味药与猪肺一同蒸露，随意温服。此方麻黄留节，欲其发中有收；苦杏仁留尖取其发，留皮取其清；甘草生用，补中有散。三味与张仲景治法相拗，故名三拗汤。

金里千关照杜福荏说："你今天先按我的药方去购好麻黄、杏仁与甘草，明天再到市场去选购新鲜的雄猪肺一具，漂净血水，再将以上三味药加上金桔饼十个、大蜜枣十枚，请药店蒸馏取露四斤（两千毫升左右），装瓶密闭存用。煎成取回后每于食后服一小杯（二十毫升），一日两次，服完以后自有良效。"

第二天早上杜福荏又来了，告诉金里千说："金先生你开出的药方中的麻黄、杏仁、甘草、金桔饼、蜜枣、猪肺等品都已一一办齐，角直镇上的二爿药店都去过了，都说店里既没有蒸具，又没人会吊露，爱莫能助，那可怎么办？"金里千说："我这肺露的药方也是第一次开，照例中药店里丸散膏丹酒膏露各种制剂都要会加工的，想不到角直药店竟不会做！事不宜迟，我叫品仙陪你一起赶到苏州观前街良利堂药店，去请他们制作吧。"

良利堂药店果然名不虚传，下午就把肺露制好了。杜福荏先后服用了两个疗程，从此以后就再也没有复发过，心里自然十分高兴。

第十五回　医闹寻衅　起死回生

来年清明刚过，杜福荏又来到金里千诊室，说道："金先生，我服了你开的肺露以后，哮喘至今没有复发过，今天特来向你致谢。除此之外，还有一事烦请金先生帮忙。"金里千说道："只要我帮得上忙，但说无妨。"福荏便说："家妹福萸产后未及一月，近日我去探视，发现她有点神思恍惚，喜怒无常。她丈夫张阿夯只知抽烟赌博，整天不见人影，为姐只好多担点心了。只是福萸产后不便出门，只好烦请金先生出诊一趟了。"金里千答应道："好在路近，等我看好这一个病人就跟你过去看看。"

金里千随同杜福荏来到衙门浜张家，只见福萸抱着小儿靠在床头喂奶，身边全无一人照应，家里甚为杂乱。福萸看见金里千来诊，说道："久仰金先生大名，今日登门来诊十分感谢。"金里千坐下来，一边号脉一边说："不必客气，据你的脉象弦细而滑，此脉应是产后情志内伤、肝脾失调、气滞痰阻之症，当有抑郁不乐、胸闷胁胀，甚至神魂颠倒之症。"福萸听了哭道："金先生真是神医，我生产以后总是日里吃不好饭，胸闷想哭，夜里睡不着觉，总是做噩梦见鬼，好生害怕！”金里千一边安慰福荑：“此症产后常见，只要调治得法，自能药到病除。”一边拿出纸砚笔墨开出一个药方，关照福荏到药店里去配来煎服。

第二天一清早，品仙听见有人在门口喧哗，开出门来一看，只见门口一男子气势汹汹地站在那里，往大门上撒大粪，门边那块“金里千内妇大小方脉”的匾牌也不见了。品仙便对那个撒泼的男子诘问：“你与我家先生有什么深仇大恨，因何要来泼粪？你把我家先生的招牌弄哪里去了！”那男子恶狠狠地说：“什么狗屁金一帖，我老婆就是吃了金里千一帖药就断命了！金里千的招牌被我砸掉丢粪坑里了，我还要告金里千吃官司呢！”品仙一听来者不善，连忙奔到内屋将金里千叫醒，将门口医闹之情告诉先生。

金里千听闻有人闹事，这还是开业以来第一次碰到，心想自己从来谨慎，怎会误诊误治？莫不是有人前来敲竹杠！于是向大门口走去看个究竟，只见杜福荏正在大门口揪着那个闹事男子的耳朵嚷道：“张阿夯你这个杀千刀的，不在家里好好照顾福荑，一大早的跑这里来瞎折腾啥！”阿夯哭道：“大姐，你不知道哇，福荑今天死了啊！”福荏一下子惊呆了，“我昨天煎好中药给荑妹喝下，等她睡着了才离开的，怎么会无端地死了呢？”阿夯指着门口的金里千说：“就是被他一帖药毒死的，我今天来这就是要跟他拼命的！”

金里千听见他俩这么一阵喧哗，基本上已明了事情的原委，反倒镇静下来。金里千心里明白，昨天为福荑看病时所开的药方乃是温胆汤加味，是专治产后抑郁症的，里面根本没有一味毒性霸道药物，怎会伤人性命？阿夯今早称其妻去世，一定另有原因。于是他分开看热闹的人群，走到阿夯面前说：“阿夯，你先不要那么冲动，让我们一起去你家看看你家福荑到底是怎么死的。”

金里千走到张家门口，看见地上有一摊药渣，蹲下去查看：分别是半夏、竹茹、枳实、陈皮、甘草、茯苓与青礞石七味，还有吞服的琥珀粉，一共是八味方药无误。原来江浙一带有一个“倒药渣”的风俗，据说将病人吃的药渣倒在路上，一是让千人踩万人踏，可以带走病气，二是可以作为医生处方用药有无失误的依据，三是能够识别药店的药物是否道地或者配错。所以，金里千便关照品仙将路上的药渣捡起来收到药囊里，以备呈堂证供之用。

金里千走进内室，但见福荑面色发青，唇甲发绀，手脚冰凉，气息全无；扳开眼皮，瞳仁并未散大而反见缩小，又将手指搭在福荑的脉搏上仔细诊察，感觉福荑的脉搏尚存，只是极细而数，不易辨别。再扳开福荑的嘴巴看舌苔时，金里千敏锐地闻到了一阵烟辣味，于是对阿夯与福荏说：“看样子福荑是鸦片中毒了，及时抢救或许还有一线生机！你们赶快到药店里去买一两生甘草粉来，听我施救！”

等福茬买来了甘草粉，金里千命将其煎成一大碗药汤给福荑徐徐灌下，然后再用鹅翎往喉咙里扫动，福荑竟吐了起来。吐出物除了药汤之外分明还有未消化的烟土杂在其中。金里千吩咐给福荑用棉被盖好，冲好一个热水袋捂在胸口。不一会，福荑面青渐退，手足渐温，脉搏渐出，慢慢地苏醒过来。阿夯见状羞愧万分，当场跪在金里千面前拜谢救命之恩。金里千正色对阿夯说：“你家福荑为啥在家自杀你自己不检讨，反而赖到我门上来砸牌泼粪，难道就这么算了吗！我家里还有不少病人等我去看病呢，等我看好病再与你见官理论！”

金里千走后，福茬将阿夯一顿臭骂。原来福荑是前年嫁到张家的，张家祖籍绍兴，同治年间迁居角直，世以染坊谋生。阿夯乃是家中独子，从小被宠惯了，幼年患过暑热重症，烧坏了脑筋，读书不聪明，做事拎不清，偏偏常光临烟馆赌场。去年冬天家里失火，阿夯父母在火灾中丧命，财物损失惨重。大难临头时，阿夯却束手无策，生活的重担全部落在了身怀六甲的福荑身上。福荑勉为其难，苦心经营，染坊店方始有点起色。开春后福荑产下一子，生活更加艰难了，阿夯却整天在外胡混。眼见得小儿满月需要办酒，染坊店周转需要资金，沉重的压力使福荑透不过气来，由此得了抑郁之症。好在姐妹情深，阿姐福茬经常过来关心照应。走投无路的福荑只得硬着头皮向阿姐伸手借钱应急，讲好等染坊生意好转以后即予归还。于是福荏前天瞒着丈夫将自己积存的三百元私房钱拿出来借给福荑应急，还帮福荑请金医生过来看病。昨天夜里，福荑临睡时发现藏在枕头底下的钱包不见了，翻找时发现阿夯的帽子里面有一包鸦片烟土，知道这钱肯定是被阿夯偷偷拿去买鸦片、赌钱了，不由得怨怒悲恨，万箭穿心，痛不欲生，就此将这包鸦片吞下肚去了……

阿夯自知闯了大祸，央求福荏陪他一起到金里千那儿去认错赔罪。福荏叫阿夯打着赤膊，背上缚了一根门闩，跪

在金里千诊室门前，算是负荆请罪。金里千先是不予理睬，等处理好诊务才出门来对阿夯说：“你要我放过你，须得答应我两个条件，否则免谈。”阿夯央求说：“金恩人，你不要说两个条件，就是一百个条件我也答应。”金里千说道：“那好，首先，你要将我门上的污粪清洗干净，再重新做好一块招牌，挑个吉日燃放炮仗吹吹打打给我重新挂上；其次，今天午时你要当着福荑和大家的面对天发一个毒誓，保证今后好好做生意，照顾好妻儿，从此戒烟禁赌，决不再犯！”阿夯连连点头承诺：“我这就把大门冲洗干净，匾牌待我做好之后给你重新挂上。等一会儿你再押着我回去当众向夫人发咒认错……”

中午时分，阿夯请人把福荑抬到门前大街上，在金里千的逼视下，当着福荑和众人的面起誓道：“苍天在上，我张阿夯保证今后好好做生意，照顾好妻儿，从此戒烟禁赌，决不再犯！如若再犯，愿遭天打雷劈，不得好死！”

经过此番医闹之后，张阿夯改邪归正，福荑的毛病竟也不药自愈了。金一帖的名声反而更响了。

第十六回　黄疸淹缠　桂枝解困

1928年春，金里千听说堂弟金家风与妻子毛一鸣带着儿子庆平回到了角直，但不知何故回家后居然悄无声息，因而专程前去探访。出现在金里千面前的这个堂弟，与先前那个朝气蓬勃、精明能干的北大学者金家风判若两人，面目晦黄，精神萎靡，说话颠三倒四的，简直就是三分像人，七分像鬼。究竟是什么原因使家风弄到如此落魄不堪的地步呢？金里千趁闲静之机，向金家风悄悄探询其中的缘由。

金家风告知堂兄：1926年12月底，金家风准备去北伐军武汉政府谋事，路过南京时被军阀拘捕，他在狱中受到了酷刑拷打、刑讯逼供，身心受到严重的摧残。后经胡适、颜惠卿等人出面电报保释出狱后，到达上海。

金家风到上海后，又患上了黄疸病，以致精神错乱。幸有马叙伦与马克强父子出手相助，将他送到上海法国医院诊治，经过半年调理，精神病基本稳定下来了，但是黄疸持续不退，胃口越来越差，人也越来越消瘦乏力，再待在上海也不是办法，于是金家风带着妻儿回到角直。他这次回来，一则请堂兄金里千治病，二则与毛一鸣在老家补办婚礼。

金里千诊得堂弟面目皮肤黄染而晦滞，口苦纳呆，尿少黄赤，两足轻度浮肿，舌质红苔白腻，脉象左濡右弦。再看前医所用方药，乃是茵陈四苓汤。金里千对家凤说：“方书所论，黄疸病多因肝经湿热淹缠，阻遏脾胃气机所致。前医采用清肝利胆的茵陈蒿汤配以健脾化湿四苓散组方，应该说也是药症相符的。”

金家凤问：“既然兄长认为前医的处方药症相符，那为什么治疗了那么多时日，黄疸一直退不掉呢？”金里千说：“问题就在这里啊，张仲景在《金匮要略·黄疸病脉证并治》篇里说过：‘黄疸之病，当以十八日为期，治之十日以上瘥，反剧为难治。’我自独立行医这些年来，经治的黄疸病例虽亦不少，但基本上都是急性的。病势虽凶，而病程恰如张景岳所说的那样，只要医养适当，一般二旬之内都能消退。但家凤弟的黄疸已历半年，显然就是难治之症。”

金家凤一听不禁担忧起来：“难不成我这病没法治了？”金里千看见堂弟焦急的样子，笑着说：“我只是说难治，不等于说没法治，据我看只要在原方内添加一味桂枝，说不定还能扭转乾坤！”

金家凤说：“桂枝既不是什么名贵药，又不是特效药，你不是说黄疸病由湿蒸热淹所致，而桂枝性温，怎么能扭转乾坤呢？”

金里千解释道：“黄疸一症的确始终不外乎湿热为患，而其病机转变往往向两个方面发展：一是热胜于湿，发展成阳黄；一是湿胜于热，发展成阴黄。大体治法历来以清热除湿为常法，也就是叶天士所谓的‘渗湿于热外’。阳黄者因阳气尚存，病势虽急而消退亦快；阴黄则阳气久伤，寒湿偏重，就要用《医学心悟》的茵陈术附汤来治疗。家凤弟而今的病症属于极少数的郁黄，因湿热并重而介于阳黄与阴黄之间。前医选用茵陈四苓汤以分利湿热，解其胶结，可以说是不偏不倚，尚属得体。但在实践中，这样的方药往往不能速效。这是因为阳被湿困，无从透发，才致病情淹缠，黄疸晦滞，不阴不阳地僵持着。愚兄今在茵陈四苓汤中加入一味桂枝，就等于在分利湿热药的下面再加上一把火，使黄疸因阳气得以振奋而向阳黄发展，这样一来病情就不再胶结难解，黄疸也就容易消退了。”

金家凤听里千兄这么一解释，愁云渐开，一边说道：“几年不见，家兄医道猛进，用药如兵，看来‘金一帖’真是名不虚传啊！”一边催着里千兄赶快开方。金里千经堂弟这么一鼓动，灵感大发，一边开方一边说道：“且慢，我这里还有一个黛矾散的单方可以配合一起服用，保管你药到病除。”

金家凤拿到药方，但见得上书：“茵陈五钱、泽泻二钱、白术二钱，枳实一钱、猪苓一钱、栀子五分、桂枝一钱，七帖煎服。另：青黛一两、矾石二两，研粉，一日二钱分冲服。”金家风按方配服了七天，果然黄疸渐见消退，后又继续调治了一个多月，基本恢复健康。

就在金家风于上海和甪直养病期间，轰轰烈烈的大革命浪潮陡然逆转，上海发生了震惊中外的四一二反革命政变，国民党对共产党人和革命人士进行血腥屠杀。4月28日，李大钊等二十人在北京被奉系军阀张作霖杀害。金家风的同学和好友、共产党员侯绍裘等十余人也在南京被杀害。大革命失败后，他尊敬的陈独秀先生也离开中央领导岗位。可以说金家风如果不是因为患病在上海与甪直养病，估计也是逃不过这一场血光之灾的。

第十七回　上病下治　釜底抽薪

说起角直保圣寺及其罗汉的修复保存，不能不提到一位尽心尽力的热心人——叶恭绰。叶恭绰祖籍浙江余姚，迁籍广东番禺。出身于书香门第，又是清末举人。留学日本时追随孙中山先生，加入同盟会。1923年，叶恭绰出席了蔡元培先生在苏州留园的婚礼，在与金家凤、金里千弟兄的交往中，对建于梁代天监年间的角直保圣寺及其唐代塑圣杨惠之的罗汉有了深入的了解。1923年7月，蔡元培在苏州留园与周峻举办婚礼时，胡适先生建议发起成立“抢救保圣寺唐塑组织”，叶恭绰不但是其积极的响应者，而且亲赴角直做了实地的考察。

1926年，日本教授大村西崖来角直专程到保圣寺调查考察了保圣寺大殿塑壁海山罗汉后，认为是炉火纯青之作。回到东京，写出了一部《吴郡奇迹·塑壁残影》的书，进一步引起了中国文化界人士的重视。叶恭绰一方面深为大村西崖关注文物的精神所感动，一方面检讨自己身为北京大学国学馆馆长未能保存修复好珍贵文化遗产而自责。

1928年，蔡元培赴德考察回国，被南京国民政府任命为教育部长。金家凤通过蔡元培的推荐，出任国民政府教育部图书馆主任。任职期间，金家凤为保护名刹保圣寺罗汉奔走呼号。同年5月，保圣寺大殿坍塌，修复保圣寺抢救唐塑罗汉的工作再也不能拖延下去了。于是叶恭绰与金家凤一起向蔡元培先生提议，由教育部牵头组织一个保圣寺古物保管委员会，负责抢救保圣寺唐塑工作。

1929年3月4日，蔡元培、叶恭绰、马叙伦等专程前往角直保圣寺考察，并组织起了一个教育部“保存角直唐塑委员会”，由蔡元培领衔，以教育部的名义聘请马叙伦、叶恭绰、叶楚伧、张继、张一麐、陈万里、顾颉刚、陈剑修、钮永建、缪斌、陈去病、茅祖权、黄涵之、李云书、狄葆贤、王震、关炯之、金家凤等人，抢救保圣寺唐塑的工作正式启动，具体的工程由叶恭绰负责操办，金家凤则做好协调工作。

保圣寺的修缮经费最初预算要七万银元，后经蔡元培从教育部拨银一万元，江苏省政府拨银三千元，再由叶恭绰与其他诸委员募集到七千多元，总计筹款约二万元。有了经费的来源，保圣寺建馆修复唐塑罗汉的工作正式开始启动。因为叶恭绰在以往与角直乡董的交往中发现他们对修复唐塑罗汉持消极抵触的态度，而金氏弟兄不但是抢救保圣寺唐塑最早的呼吁者，而且为人热情又开放大度，故将金氏弟兄视为可靠的援手。

1929年秋，角直保圣寺古物馆工程启动以后，叶恭绰除了坐镇角直指挥施工之外，还经常要与徐悲鸿、江小鹣、陈去病、滑田友等人商讨塑壁罗汉的处置，频繁奔走于角直、苏州、南京、上海等地。角直镇距苏州二十五公里，当时交通以轮船为主，航程约需四个小时，办好事往往不能当天返回，只能在角直将就过夜。后来叶恭绰看到滑田友先生长年住在金里千先生诊所的侧屋里，索性也搬过来一起住下了，他们的伙食则由金里千关照添号财源饭店包供。

这年冬天，金里千发觉叶恭绰好几天没过来议事了，于是便问堂弟金家风：“叶恭绰先生好几天都不见人影了，最近都在忙些什么？”金家风说：“叶恭绰先生最近病了，我正想请你过去看看呢。”金里千听说，赶紧随同金家风一起前往叶恭绰的住所探望。

原来叶先生为了保圣寺的事操劳过度，又受了风寒，开始有点儿发热咳嗽，认为不过是感冒小恙，拖几天自会复原，不想越拖越重，寒热不退，呛咳反甚，黄痰里还夹有血块。金里千诊查其脉象洪滑带数，舌质红苔黄腻，说道：“叶先生患的不是感冒，是肺痈病，应该尽快服药治疗，不能再拖延了。”于是金里千开了三帖药方：鲜苇茎一两、冬瓜仁四钱、薏苡仁四钱、生地三钱、赤芍三钱、牡丹皮二钱、原桃仁三钱、制大黄二钱。还亲自到河滩边采来新鲜的苇茎给叶恭绰煎服。

第二天晚上，金里千再去探问叶恭绰的病情。叶恭绰见到金里千便说：“多谢金先生关心，我服了你的药胸闷咳嗽减轻了很多，痰中的血也少多了，大便拉了两次都是果酱样的溏便，不知何故？”金里千说：“因为药方中用了桃仁与大黄啊。”叶恭绰说：“我虽不精医学，但也知道我咯痰吐血病在上焦肺部，可为什么要用大黄等下焦通便药呢？”金里千笑着解释道：“这可是我们祖师李士材先生的高招啊。士材先师依据‘肺与大肠相表里’的理论，在《医宗必读·吐血》篇中主张治疗咳痰吐血除了应用清肺化痰药之外，只要大便不泻，都可以用大黄、桃仁下之，称之为‘釜底抽薪之妙法’。叶先生不必顾虑，放心服用，自有良效。”

三剂之后，随着大便颜色转黄，叶恭绰咳喘大减，咯血得敛。金里千再开了五帖调理的药方，叶恭绰没多久就完全恢复了。叶恭绰素来钦佩金家弟兄倾心保护家乡文物的精神，如今又领教了金里千高超的医术，更是将金里千视为忘年知交。

第十八回　碛砂寻踪　遗迹残存

叶恭绰先生笃信佛教，生活上不十分讲究，但对寺庙文物十分珍惜。有一次金里千与叶恭绰说："你可知道甪直镇除了保圣寺之外，还有一处千年古寺庙，因为没能重视保护，现在已成废墟了，甚是可惜。"叶恭绰听说一怔："此话当真！此寺何名？建在何处？"金里千说："我们甪直镇西南有一个澄湖，曾有陈湖与沉湖之称。据《吴郡甫里志》载，相传旧本陈州，沉为湖，迄今湖水清浅时，底有街井、上马石等物，舟人往往见之。澄湖边上的碛砂村里曾有一个千年古刹，名叫碛砂延圣禅寺，原名延圣禅院。据说始建于萧梁年代，距今已1500多年。规模宏大，曾与灵岩寺齐名，被列为"吴中四大禅刹"之一。宋代时还收藏刻印过《碛砂藏》数千卷，是为镇寺之宝。"叶恭绰听说后，非常震惊，说道："真没想到甪直镇还有如此古刹！"迫不及待地叫金里千陪他前往考察。

第二天下午叶恭绰随同金里千租了一只农船，船主是一对年轻夫妻，丈夫把橹，妻子扭绷，径往碛砂而来。他们的儿子才三四岁大，坐在船艄上唱儿歌："摇摇摇，摇到外婆桥，外婆叫我好宝宝。糖一包，果一包，还有团子还有糕……”叶恭绰看着船家的儿子可爱，从口袋里摸出一包酥糖，说：“小孩儿，再唱一个，这包酥糖就给你吃了。”小男孩：“真的？”叶恭绰说：“不骗你。”小男孩扮了个鬼脸唱道：“先生教我读神童，我教先生挑粪桶。先生教我读孟子，我教先生吃硬屎。”叶恭绰说：“喔唷！我给你吃酥糖，你倒是叫我吃硬屎？真真岂有此理！”惹得金里千哈哈大笑。

船近澄湖的时候，但见两岸都是连绵的湖田，叶恭绰指着湖田里一团团脚盆大的绿叶问金里千：“这湖田里种的是什么植物？看着有点像荷叶，但荷叶的叶面是光滑的，这个却是凹凸不平的；还有，那个莲蓬的果苞像碗状的，这个果苞却像鸡头样的？”金里千说：“你说得没错，因其果苞像鸡头，本地人就称它叫‘鸡头’，那果苞里面的种仁雪白粉糯，甘甜细腻，俗称‘鸡头米’。其实鸡头米的学名就是芡实，它不但是本地的一种美食，而且也是一种上品药材呢。”

不一会，船已开到了澄湖北岸的碛砂村。他俩站在碛砂延圣禅寺的遗址上，但见得那里已是一片杂草丛生和瓦砾杂呈的废墟，什么萧梁名刹，什么宋版经书，早已不知所踪。唯一的残迹就是嵌埋在荒草瓦砾中的几个莲花青石柱础。金里千慨然说道：“保圣寺及唐塑罗汉都是无价之宝，如果再不保护好，必定也会落得碛砂延圣禅寺一样的结果。”叶恭绰说：“是啊，这几个莲花柱础乃是碛砂延圣禅寺目前唯一残存的物证啊，应该收藏保护起来。我想我们不但要保护好保圣寺，还要筹建一个古物馆，将甪直镇的各种文物古迹全部集中收藏到古物馆里，供大家参观瞻仰。”

碛砂张家听说金一帖陪同一位中央大员来到村上考察，又喜又惊。张全根赶忙带着根宝过来拜见金里千和叶恭绰先生，将他们请到家里，并说：“你们来得正是时候，这当口正是大闸蟹饱满，黄鳝、鳗鲡最肥的时候，你们先在这里喝茶歇息，我到湖边去弄好几样水产即回，今天夜里无论如何一定要在这里吃个便饭……”叶恭绰忙不迭地摇手谢绝。金里千说：“全根，你也不要去瞎忙活了，叶恭绰先生信佛，今天又是初一，更是不能吃荤腥的，你如真要留吃夜饭，只要弄几个时蔬就行。”

张全根听闻，嘴里说：“晓得了，照办。”转身来到灶间与夫人商量了一会，再到外面转过一圈，提回一篮子的时蔬交给夫人去操办，自己就带着根宝陪两位贵客说话。张全根夫人在灶间忙了一阵，又在饭桌上摆好碗筷，请客人入席后，将小菜逐一端上桌来：油焖茭白、水芹干丝、桂花藕片、葱油芋艿、香菇焖菱角、鸡头米炒扁豆、丝瓜毛豆子、豆芽炒韭菜、莼菜豆腐汤，八菜一汤，都是当地的时鲜蔬菜。

叶恭绰连夸："张夫人的手艺好极了，不输于功德林的名厨。"金里千则说："澄湖一带地势低，湖田多，盛产水生食物，久负盛名。尤其是其中的茭白、莲藕、水芹、芡实、莼菜、菱、慈姑、荸荠，被称为'水八仙'。因为这八种水生的蔬菜不仅鲜美可口，而且历来都是治病养生的中药。其中的芡实性温，《本草纲目》将其列为上品，因其具有温补脾肾的良效，被称为"水中人参"。其他各味性偏甘凉，分别具有滋阴生津、补气除湿、清热润肺、利水消肿等功用。今天我们吃到了其中的六仙，还有慈姑和荸荠这两样没吃到，只能等到冬春时节采挖上市时再来补享口福了。"

租用的农船早已打回，吃过夜饭后，张氏弟兄便亲自摇船送金里千与叶恭绰回到家中。叶恭绰从碛砂村回来以后马上着手办了两件事：一是会同朱庆澜将军及蒋维乔等佛教界知名人士，发起成立了一个"影印宋版藏经会"，筹款影印《碛砂藏》；二是提请以蔡元培为首的教育部保存角直唐塑委员会将修复后的保圣寺庭园定名为"保圣寺古物馆"，并派人将碛砂延圣禅寺遗址的青石柱础及当地的出土文物移置到保圣寺古物馆中保护起来。

第十九回　院馆落成　贵客盈门

保圣寺修馆项目经费预算需要七万元，但实际只筹集到两万元，资金严重不足，教育部保存甪直唐塑委员会必须精打细算，量力而行。一方面聘请不久前设计南京中山陵的建筑师范文照先生，在大殿原址上重新设计一所中西合璧的保圣寺古物馆，用以保存古塑壁罗汉等文物。另一方面又请江小鹣主持策划《修理唐塑罗汉及塑壁计划大略》，拟将沈柏寒在1923年从东壁迁出的禅定、讲经、沉思三尊罗汉，西壁的望雁、智真二尊罗汉，以及殷克维在1927年从东壁拆存的尴尬、听经两尊罗汉及西壁的愤怒、袒腹两尊罗汉，一共九尊罗汉及其他塑壁残块，请塑匠移到馆内靠北面南的塑壁之上。

1930年6月，古物馆大殿封顶，开始着手塑壁工程，着手将从旧址拆下的佛像重新组合移置到塑壁之上，这可是所有工程中难度最高的一项工艺啊！起初曾由卫国庆及胡寿康等塑匠十余人操办，工程质量不符要求，浪费了一年的时间。后经刘海粟推荐，改由徐悲鸿的高徒滑田友亲自动手布局操办。

滑田友先生时年三十岁不到，他面对着支离破碎的九尊罗汉的残块，对照大村西崖和陈万里先生既往所摄的照片，反复揣摩。先是根据《修理唐塑罗汉及塑壁计划大略》设计思路制作了一个小泥模，然后按泥模的构思使大殿东西两面残存的塑像各就各位，再通过艺术加工，使塑壁上的石硎、洞窟、云头、海水和九尊罗汉浑然一体。滑田友花费了近三年的心血，终于不负众望，使得保圣寺的罗汉塑壁基本恢复了原来的神韵风貌。

最后则是外围修饰工作，聘请镇上最好的汤阿巧泥瓦作坊的工匠，将寺馆的周边场地平整好，砖铺路面，栽植花草，移置经幢，架起大钟，筑好围墙与大门，构成一个花园院落。1932年6月，保圣寺古物馆全部工程完成，费用合计为二万四千余银元。

眼看保圣寺古物馆工程宣告竣工，接着就要筹办开幕典礼，做好开馆准备工作。为了迎接蔡元培等人的到来，叶恭绰与金里千、金家凤着手筹办接待工作。交通方面可以包租角直镇六通轮船公司的轮船往返苏州、昆山接送；伙食则由添号财源饭店专供；至于住宿问题，金里千说：“叶先生不用多虑，里千早有安排。”

原来金家三房老宅中二房的房产最多，金里千又是独子，居室不但有三楼三底的女厅空置着，虽是乾隆年间建造，但经过精心装修以后已经焕然一新。特别是楼下的两个厢房内的地面铺上了广漆地板，中间的两侧壁采用白漆的花旗松板分隔，并装上了纱门纱窗，天井里浇上了水门汀。还有新建的花厅已装上了电灯、电话，卧室与厢房间有碧纱橱夹断，两壁的玻璃长窗内缀入了名人字画，显得相当雅致。

保圣寺古物馆于1932年秋完工后，先由金家凤陪同蔡元培夫妇、马叙伦诸先生于11月10日来到甪直做开馆准备工作。金里千将蔡元培夫妇就安排住在女厅楼下东首的房间里，马叙伦等则住在西首及楼上的房间里。花厅则用作教育部保存甪直唐塑委员会的临时会议室，一切都安排得十分周到。

开幕典礼定于1932年11月12日举行，当天中午由委员会租用了几艘小火轮船，分别到苏州、昆山迎接其他外来的贵宾，有吴稚晖、周瘦鹃、范烟桥等宁、沪、苏、杭等各地的四十多位文化名人和学者与会。来宾到齐，先由警察导路，列队先行，后有区长殷克维和众乡绅陪同贵宾一起前往保圣寺。镇民们亦摩肩接踵尾随而来，可谓声势浩大，热闹非凡。

开幕典礼由叶恭绰主持，蔡元培致开幕词，叶恭绰报告了建馆经过，接着请蔡元培夫人周峻剪彩。正山门的上方题有“保圣寺古物馆”六字，是国民政府行政院院长谭延闿所书。走进山门，便是天王殿，殿内两侧有四大金刚塑像。穿过天王殿北行即是庭院，庭院的左侧有一座唐刻的尊胜陀罗尼经咒石幢，右侧则是明铸的大铁钟，回廊边放置有保圣寺原大殿“覆盆式”柱础等遗物，以及叶恭绰自碛砂延圣禅寺遗址移来的青石柱础。廊壁上嵌有蔡元培撰文、马叙伦书写的《角直保圣寺古物馆记》碑。居中才是新建的馆屋，门额上亦书有“保圣寺古物馆”六字，是国民政府监察院长于右任所题。进入馆内，但见面北朝南的塑壁上九尊罗汉错落在云涯海涛之间，神态各异，栩栩如生，来宾们不禁鼓起掌来，赞叹不已……

开幕典礼结束，先在甫里小学操场摄影留念，继至添号财源饭店用餐，午餐后金氏兄弟、殷区长及乡绅们一起将部分来宾相送至码头，分别乘轮而去。当天的《吴县日报》还专门发了一个保圣寺开幕典礼的特刊，上面刊登了《编者言》、金家凤《保存角直保圣寺唐塑小记》《唐塑沿革》、姚梅林《保存唐塑之经过》、苏马《杨惠之略历》等文章，周边还刊登了许多民间收藏的保圣寺罗汉旧照。

嗣后，保圣寺古物馆交由角直区政府管理。

第二十回　昆曲雅集　药茶利咽

保圣寺古物馆开幕典礼结束，晚上由角直镇紫云曲社组织社员在府庙后戏台“彩串”，演出昆曲《牡丹亭》《双珠记》《琵琶记》等精彩的折子戏，使得外来的贵客与本地的市民大饱眼福，流连忘返。

紫云曲社是角直镇的业余昆曲社，社长名叫严子镕。严子镕乃是严良才的堂叔，时任角直乡政局的局长，热衷于社会事业与市镇建设，其人聪明能干，人称“小诸葛”。因角直是水乡，出门不方便，1917年严子镕为改善交通条件，发起集股组建六通轮船公司，任经理。1925年严子镕又发起集股开办了吴昆角直民营电话公司，任董事长。1926年严子镕又倡议开办新明电气公司，任董事长。1928年电厂开始供电那天是年初五，即是旧俗“接财神”的日子，通了电的古镇大放光彩，商店开起了灯光夜市，街上熙熙攘攘，热闹了一个通宵。

严子镕还发起成立了昆曲曲社——紫云曲社，社址初设于角直镇三官堂，后迁至陆龟蒙墓附近环境幽雅的光明阁内。严子镕既是业余昆曲家，又是曲社的社长。紫云曲社于1925年创建以后，镇上的医生、教师及其他文职人员纷纷响应，入社社员多达四十余人，角色行当齐全。其中金里千的亲属就有好几位，如堂叔金杏城攻五旦，在《春香闹学》中饰春香，还能吹得一手好曲笛，岳父殷骏生饰老旦，师弟顾景亭饰老生，都有相当的造诣。金里千习小生，虽因诊务繁忙，曲艺不精，却是热心的支持者。曲社购置了《集成曲谱》一套，供社员们平时习曲所用。

学习拍曲和踏戏是昆曲入门的必经之路，业余爱好者因年龄所限，往往都是先学拍曲，再学念白，然后学习身段。拍曲很难自学，除了会读唱工尺谱，还要拍准板眼，做到声情并茂。为了提高学员的专业水平，紫云曲社专程聘请了原苏州全福班名艺人沈月泉、沈斌泉、陆寿卿、沈盘生等兼任教师来到甪直指导授艺。

叶圣陶晚年在《甪直闲吟图》题记中曾回忆说："镇上人多嗜昆曲，其闲暇者集于某公所，延曲师教授拍曲，进而至于串演。"他还亲眼见到名曲师沈月泉在教演《长生殿·小宴》中唐明皇上场所唱《天淡云闲》一曲时，对学员逐字逐句加以指点，并且强调演员在演唱时的目光应该如何的俯仰顾盼，声情应该如何的悠扬潇洒，可谓剖析入微。

初学入门者除了要有老师口传心授与自己努力学习之外，还需经常配合演习。因此紫云曲社经常要集中排练与交流心得。金里千堂叔金杏城的住宅比较清静，楼下有三开间的大厅，不仅场地宽敞，而且音响效果亦佳，常是曲友们拍曲与踏戏的排演场所，兴浓时竟通宵达旦。

曲社每逢庙会和节假日常在府庙后、张陵山石作场或者东大桥外的莲花墩新建亭等处举行“同期”或“彩串”，演出昆剧传统折子戏，如《牡丹亭·游园惊梦》《连环记·梳妆掷戟》《琵琶记·南浦》《单刀会·刀会》《红梨记·花婆》《金锁记·斩娥》《双珠记·卖子投渊》《慈悲愿·认子》《烂柯山·痴梦》等，其中尤以王茀民主演的正旦戏最为有名。

王茀民是王小松的孙子，王小松是清末的秀才，雅好昆曲，也是紫云曲社的发起人之一。王茀民自小受到家学的影响，又得到昆曲名师沈月泉的指教，专攻正旦戏，音色圆润，扮相清丽，加上诗文书画无一不工，深厚的文学功底更使他在昆曲演艺界脱颖而出，名盛于苏昆一带。

1932年，梅兰芳迁居上海，在上海天蟾舞台连场演戏，轰动各地。王茀民等甪直曲友都相约前往上海观摩。梅兰芳的三天打炮戏是《彩楼配》《祭江》《祭塔》，唱的也是大正旦，和王茀民戏路正对，精湛的表演艺术令王茀民大为折服。经人介绍认识之后，梅兰芳对王茀民也很器重，自此两人在沪往来颇密。

巧的是王茀民喜好丹青，而且造诣颇深，与苏州国画大师吴湖帆先生常有往来。而梅兰芳也有此好，演戏之暇亦经常向吴湖帆请教。在吴湖帆先生家里，两位名曲家不但戏路相近而且又都有书画爱好，惺惺相惜，成为知交。后来梅兰芳出面推荐王茀民到溥侗主持的红豆所“言乐会”学习，得到了京城诸名家的指授，演艺益精。

王茀民从北京“言乐会”回来后，加入上海赓春曲社。1933年5月昆剧保存社在上海湖社会串时，王茀民与俞振飞合演《狮吼记·跪池》大获成功，由此王茀民的艺名在苏沪大振。随后王茀民因参演的戏份增多，一场戏演下来总觉喉咙不适，里面有口痰堵着，咽之不下，咯之不出。这一年除夕夜出庙会，紫云曲社在张陵山演出，王茀民回家后觉得又冷又困，喝了点儿酒早早地睡了。

年初一清早，王茀民急匆匆地找到金里千说：“金先生，昨天夜里我演出时因穿得单薄受了寒，回家后又喝了点儿酒想暖暖身，谁知今天早上起来喉咙又痛又哑，发不出声来了，这可怎么办？梅兰芳已约我过了年到上海同台演出呢，嗓子倒了，戏就唱不成了，这么好的机缘泡汤，我会抱恨终身的。因此我只好大年初一过来叨扰你金先生，要请你妙手回春，良药开音了。”

金里千给王茀民号过脉，诊察了舌苔和喉咙后，说：“茀民兄患的是喉痹之症，初为风寒所袭，后因酒热化火，肺卫失宣，金实不鸣，所以咽痛音哑。茀民兄不必多虑，只

需服用辛凉解表、宣肺利咽之剂三帖，自能药到音开。”王茀民听金里千这么一解释，放心不少，等金里千开好药方，急忙来到药店将药配好回去煎服。

初四早上，王茀民又来到金里千的春常在室复诊，说：“咽痛音哑已经基本好了，我下午就要到上海去了，就怕喉咙毛病还没有好透或者复发，在上海又找不到好的医生，煎药又不方便，故想请里千兄帮我拟一个既能保护喉咙又能防止复发的方子，让我在与梅兰芳配戏时不出意外。”

金里千说：“这个方子我早已考虑过了，即是用九种中药组成的药茶，名叫‘利咽茗’。方用金银花、黄菊花、净蝉衣各三分，薄荷、桔梗各五分，麦冬、生甘草各八分，胖大海一枚。每日一剂，放在茶壶里用开水冲泡后饮服，其味清香微甜，一直冲服到清淡无味为止，长服效果尤佳。我帮你开好三十剂，可服一个月，自有良效。”

王茀民在药店配好了药，看到一包药不过四钱左右，感觉药量太轻，有点不放心，又过来问金里千：“药量要勿要加重点？”金里千笑着解释道：“药不在重而在于精，方不在大而在于巧。利咽茗之所以采用药茶的剂型就是考虑到咽喉病的特点，因为汤药虽然药量大，大口吞服时药物对咽喉的局部治疗作用时间短，而药茶可以不间断地连续服用，对咽喉的局部治疗时间长，因而具有简便廉验、事半功倍的效果。茀民兄你尽管放心服用。”

王茀民到上海后与梅兰芳定于2月24日在上海新光大戏院合演《白蛇传》折子戏，之前专门托人将两张戏票带给金里千，请他前来看戏。此时距离他咽病音哑仅十一天，由于金里千的精心治疗，王茀民的嗓子已经完全复原。当天晚上的公演中王茀民和梅兰芳、俞振飞合作了一出《雷峰塔·断桥》，俞振飞饰许仙，梅兰芳饰白娘子，王茀民饰小青。盛况空前，圆满成功。演出结束后，王茀民约请梅兰芳来甪直水乡一游，并为紫云曲社指导授艺，梅兰芳也欣然欲往。

王茀民回到甪直后，便在自己老屋旁边新建了三间雅室，以备梅兰芳来访时接待之用，惜因时局动乱，梅兰芳未能践约成行。而金里千的利咽茗却成了紫云曲社会员养生保咽的必备良方，以至于人手一把小茶壶，里面泡的都是清一色利咽茗。

第二十一回　乌梅裹盐　巧治口噤

角直镇思嘉桥南有一三口之家，丈夫李长生和儿子小春开农船经常往返于苏昆一带做运输生意，妻子王幸宝人称“梳头娘姨”，靠着自己一手梳洗头发的小手艺，每天忙着为镇上好多人家的太太小姐们梳头，借此挣一点小钱贴补家用，小日子过得还算舒心。

原来角直一带的妇女向来注重梳理头发，编一个具有水乡特色的发型，再穿上与众不同的水乡服饰，往往会给外地的朋友“少数民族”之错觉。故而镇上的妇女每天早上都会为梳理发髻而操持烦心，有些富家的太太和小姐索性花一点小钱请梳头娘姨包月上门服务。要是遇到婚庆时节，还会临时约请梳头娘姨过来梳妆打扮一番呢。

1930年腊月二十七那天下午，幸宝应约来到住在蜡烛弄里的杏花家里梳头。杏花姓陈，40来岁，丈夫在昆山警察局做巡警。杏花原本不是幸宝梳头的常客，只因那天晚上要去喝外甥的喜酒，所以临时邀约幸宝前来为自己梳头打扮一下。

幸宝来到陈杏花的内房，让杏花在梳妆台前坐好，先用一块三角毛巾在杏花的脖颈上围好，再将发髻扯散了，然后打开一个布包，将里面的木槿刨花放在热水盆里搓揉起来，等到水液黏腻而不烫手了，便将杏花的头发浸泡在盆里搓洗起来，等头发洗净，再用手巾擦干。杏花在梳妆镜中看到自己原本蓬乱灰黄的头发一下子变得乌黑光亮，高兴地说："幸宝，你梳头的本事真的不错，怪不得大家都要请你包月梳头呢！"幸宝笑着说："我还有一样好货给你用上，包你称心满意！"只见她从挎篮里拿出一个瓶子，拧开瓶盖后将里面粉红色的胶汁倒一点在手心里，再顺着杏花的头顶往下一直撸抹至发梢，最后将头发盘起来，挽成一个漂亮的发髻。

杏花只觉一阵阵异香扑鼻而来，问道："幸宝，你用的什么进口香水？"幸宝笑着应道："我哪里买得起进口香水，这是我自己用檀香屑做的'木花水'，里面再加了点儿茉莉花露，所以特别芳香。现在头发已经弄好了，如果你有漂亮的头面首饰再配上去，那就更加风光了。"

杏花起身将房中大橱上的一只抽屉拉出来，伸手从夹层里掏出一只精致的梳妆盒，打开后挑出一对银发钗、一条金项链和一只嵌宝戒指，叫幸宝先帮自己将首饰一一穿戴好，再换上一件织锦缎的薄棉袄，然后走到大橱镜子前一照，但见自己像是换了个人一样，显得光彩照人，年轻漂亮不少，分外高兴。

晚上喝喜酒的时候，杏花在小姐妹们的奉承调笑声中多饮了几杯，居然喝醉了，被人送到家中。丈夫海根看见杏花和衣瘫睡在床上，也没叫醒她，就帮杏花把棉衣裤脱了，再将头钗首饰摘下，用手绢包起来放在枕头边的褥子底下。睡到第二天一早杏花还没醒来，海根买了点大饼油条，就去昆山上班了。

没过几天便是正月初三，杏花又要去喝喜酒了，于是又把幸宝请过来梳头。等幸宝把头梳好，杏花再从大橱夹层里把梳妆盒取出来，打开一看，只见上次穿戴的那些头面首饰一件都没有了。性子毛躁的杏花竟吃定是幸宝偷的，幸宝争辩说："你不要冤枉好人！你凭什么吃煞我偷了你的东西！"杏花说："我放梳妆盒的地方连我丈夫都不晓得，我只有给你露过眼，除了你还有谁能偷得到！你不认账我就报案见官！"幸宝又气又怒，说："你凭空冤枉好人，不得好死……"话没说完，一口气回不过来，竟然昏倒在地……

黄昏时分，幸宝的儿子小春慌忙来到金宅，说："母亲急病昏死不醒，请金先生出诊。"金里千正在与家人吃夜饭，随即撇下碗筷，叫上品仙随同小春来到李家。但见师弟顾景亭正与另一位医师在客堂里商议着什么，便问道："景亭师弟，病人怎么样了？"顾景亭说："幸宝娘姨因为被人冤枉偷首饰，气急厥闭，前医已经掐过人中、刺过涌泉穴，都醒不过来。我等用过通关散取嚏，亦不灵验。还有人主张冷水灌顶，我等以为不可妄为。病人牙关紧闭，口噤不开，又不能进汤药……师兄你来得正好，你书看得多，头脑又灵活，想必自有良策回生！”

金里千来到卧室，但见幸宝昏睡在床，牙关紧闭，目合拳固，气息若无，脉象沉细而弦，分明是厥闭之症。暗思前医疗法既然不应，不可因循，必须另拟良方。金里千闭目沉思片刻之后，即吩咐品仙前往药店里取来几片乌梅肉，挑选其中肥厚者去除粗皮，切成小薄片，内中放些细盐卷好，用筷子撬开些牙缝，将其塞于病人两颊牙缝之间，并叫家人离开病所不可吵闹。

三分钟许，只听见病人呼唤：“酸得来！”进屋视之，病人牙关应声而开，神志随即得苏。病家大喜，连称神医。金先生嘱不必服药，好在杏花的首饰已经找到，冤结自必能开，只需好生抚慰，息养数日自安。

顾景亭见状，心里佩服而又有些不解，问道：“师兄你怎么会想出这个治法来的？”金里千解释道：“幸宝被人冤枉偷东西，有口难辩因而急火攻心，郁怒伤肝，而至厥闭之症。《病机十九条》云：‘诸暴强直，皆属于风。’‘诸风掉眩，皆属于肝。’乌梅肉味酸入肝而有缓急解痉之功，故《本草纲目》有一开关散方，即用乌梅肉揩擦牙龈，涎出自开。”景亭师弟又问：“那又为何要放点盐呢？”里千答道："《脏气法时论》云：'心欲软，急食咸以软之。'幸宝被冤，百口莫辩，急火攻心，以致暴厥。咸者属水，水能克火，故用盐味以缓解心火矣。"

第二十二回　湖匪绑架　子廉报恩

1936年9月初，金里千一早便乘轮船至葑门，上岸后又雇了一辆黄包车，前往铁瓶巷任家来找胞妹婉芳。原来金里千自开业以来，在医疗实践中深感随着中药商品化的趋势，中药与中医分离，这是十分不利于病人及中医发展的。金里千知道中医中药是相辅相成的，不能分家。一方面中医必须向李时珍、孙思邈学习，经常亲自到乡间去采集草药；另一方面医生必须精研药剂，亲自监制丸散膏丹。否则医生处方再好，也会功亏一篑，难以获得预期的疗效。所以金里千一直寻思着要在角直镇开一家中药店，但是单靠自己资金有困难，因此他与胞妹婉芳，友人戴清泉、戴士鳌四人合股，于1931年开设了一家名为“天心堂”的中药店，合同期为五年。

天心堂开张以来，金里千严把药材和配方的质量关，埋头于研究丸、散、膏、丹、露、酒等中药制剂，同时又经常对贫困者给予赊欠或免费。但是由于对药店的经营方面疏于管理，所用之人又有所贪污，加之赊欠的费用宕账太多，以致资金周转发生困难，难以为继，股东之间意见分歧，遂于1936年合约期满时达成协议，金氏兄妹决定将股份盘让退出。金里千今天特地来到任府，就是要将婉芳退股的钱款送来。

因为任家原是前清道台府第，地位高规矩大，所以今天金里千不敢疏失，特意换上了呢料长衫，头戴同盟帽，脚穿新皮鞋，手夹一个公文皮包，来到任府门口，自有下人引领着来到大厅，金里千先恭恭敬敬地拜见了任家的长辈，然后随同婉芳夫妇来到内室，聚谈了一会儿，将股金交给了婉芳。吃过中饭，金里千便急匆匆地从原路折返。

天阴森森的，下着小雨，金里千在葑门乘上轮船，约莫半小时左右，轮船开过黄石桥径直往金鸡湖而来。金鸡湖原本是太湖的一个支脉，民间对此流传着不少传说，有说是湖里有只金鸡；有说是吴王夫差的女儿琼姬殉难于此，湖泊就被称为“琼姬湖”，后来才讹为“金鸡湖”。不过，根据地方志的记载，金鸡湖的得名应该与一条叫作“金泾”的河流或一个叫“金泾”的村子有关，只是后来“金泾”被讹传成了“金鸡”。

金鸡湖位于甪直镇与苏州城的中间，水面比杭州西湖还大，是两地船航的必经之所。现在的金鸡湖正被建设为中国最大的城市湖泊公园，成为苏州工业园区的一颗灿烂的明珠。可是在那兵荒马乱的年代，那儿却是盗匪出没的魔窟，过往的商船货船经常遭受抢掠，即便是人多势众的火轮船也劫数难逃。

轮船开到金鸡湖心，忽见轮船前方有两只农船对驶而来，为首的手里执着带钩的镐子，“啪”的一声钩住了轮船的船舷，将轮船夹在中间。船上的人晓得苗头不对，碰到强盗抢劫了，奈何湖心之中无处可躲，无路可逃，只好听天由命了。轮船被迫停了下来，但见农船上有几个满脸横肉的汉子，身着黑衣，手执钢刀，跳将上来。

全船的乘客被劫持了，黑衣人一一打量着乘客的身价。他们看到金里千行头笔挺，一看就像是个有钱的家主。经盘问，他们得知他便是甪直镇上的名医金里千，当即将他蒙着头架起来押到了农船上，同时被扣押的还有一男一女。黑衣人又将其他乘客的行李统统搜掠过一遍后，即返回农船，径直往湖心小岛划去，消失在芦苇荡之中。过后他们便派人捎信，要家里人带钱来赎人，扬言三天不见来赎，便将肉票沉湖喂鱼。

家里突然受到这样的打击，真是心惊肉跳，五雷轰顶。都听说金鸡湖的土匪心狠手辣，手段残忍，常常用一种“踏杠”的手段对付人质。“踏杠”就是把人悬吊起来，将人裤子剥了，用蜡烛或柴火烧人下身；又或叫人躺在凳上，再用杠棒踩压人的大腿……正在家里人六神无主的时候，有一个金里千的挚友来访，此人便是车坊镇的米行老板李子廉，他问明事件的原委后，宽慰家人说："夫人请放心，有李某在，一定能够将里千兄解救出来的。"

事不宜迟，李子廉当天通过线人找到了匪首。李子廉说："你们先将金先生放了，金先生虽然是个红郎中，但是他家里人口多，你们现在逼死他也拿不出多少赎金。你们千万不要难为他，所有的事情都由我来承担。"匪首说："那好，你是米行老板，你拿一百石米来我们就放人。"李子廉说："里千家里子女众多，过房儿子少说也有一百来个，你们做绝了恐怕也不是好惹的。"最后通过讨价还价，李子廉从车坊装来两大船的白米，终于将金里千解救出来。

那李子廉早年曾在车坊镇上一家即将倒闭的米店打工，金里千鼓励他盘下来自己经营，而李子廉家境贫困，哪有什么资金盘店。金里千知道后便对他说："我钱庄上的钱款任你支用，李兄尽管放心去干！"李子廉有金里千帮他撑腰，盘下米店，从此生意越做越大，不久又增设米行，购置田产，后来竟成为当地的首富。今见金里千蒙难，李子廉说："滴水之恩，涌泉相报，子廉自当全力以赴，虽倾家荡产也在所不惜。"后来金里千经常念叨，幸亏交到了李子廉这样的好朋友。

李子廉说金里千的过房儿子有100来个，亦非虚言。甪直农村向来有一个"轧大道"的旧俗，那就是农民家里生了小孩生怕养不牢，通常会去找一个多子女的人家认个寄爷寄娘，让他“轧轧大道”，就不会养不牢了。金里千子女众多，而且又是当地的红郎中，认了这门寄亲，既轧了大道，又不怕生病落痛，岂不是双保险了吗？所以一个接一个地来认寄爷寄娘，少说也有上百个。至于具体的姓名和数目，弄得金里千自己都搞不清了。

第二十三回　惊恐不寐　经方安神

“八一三日寇在上海打了仗，江南国土遭沦亡，尸骨成堆鲜血淌，满目焦土遍地火光。”1937年11月12日上海沦陷，15日昆山沦陷，16日后日机开始在苏州狂轰滥炸，城乡百姓死伤千万，房屋财产损毁不计其数，人民生活在水深火热之中。1938年2月1日，日机突然空袭角直镇，先是投掷炸弹，用机枪扫射地面。接着地面部队入侵角直，他们一部分驻扎在保圣寺，另一部分驻扎在敬梓堂内。

敬梓堂就在金里千家的西邻，那里的日军士兵经常来到金里千家借口搜寻兵械和抗日宣传品，顺手将那些线装的中医古籍抄去。后来金里千才知道这些日本兵因为大便没有粪纸，就将这些古籍撕散后盖屁股了。爱书如命的金里千眼看自己耗费半生心血收藏的中医古籍被日寇强行搜去，竟作粪纸尽行糟蹋，为此痛恨日军至极，终身不得释怀。

1938年农历七月十五那天，角直镇陈家浜有几户农民凑了点钱，请了几个昆山的道士，在村里搭台做醮。因为中元节是道教的重要节日，在江南民间亦称为“鬼节”。

这一天道士们吃过晚饭便敲着法器，奏着乐器，施符作法起来。有一个农妇名叫何水仙，丈夫肖东根开船出去卖西瓜了，她一个人在屋前乘凉。只听到远处传来阵阵锣钹笙笛的声音，又见一群群村民都往村北边走去，喜欢“轧闹猛”（凑热闹）的她便跟随着那些人一起来到了陈家浜，但见那儿已经聚拢了五六百人，正在看做道场呢。

醮事一直做到第二天早上都还没有收场，早有奸细跑到敬梓堂里向日军报告说：“抗日游击队的，陈家浜的活动。”第二天天还没亮，全副武装的日本兵包围了村子，把村里的人不论男女老少统统押到了保圣寺旁甫里小学的操场上。先用掷弹筒打了三发炮弹，又在操场的两边架起了机枪，用以吓唬群众，提防游击队反抗。他们先将青壮年男子从人群中拉出来，盘问姓名、年龄及户籍所在地，又逐个检查他们手指上的老茧。有个叫邹荣夫的农民，稍为倔强，日本兵便把他拖到河滩边砍死了，还把他的尸体扣在一只空粪缸下面。其他凡是被认为是可疑的外乡人，或者手指上有老茧者，都被日军拖出来用绳子捆绑了，当天共三十多人被当场杀死。

何水仙这个农村妇女从来没见过如此血腥残暴的场面，早已被吓得心惊胆战，精神受了刺激。回家以后就得了个怪病，每天夜里只要闭眼睡着，不能听到一点声响，否则就会烦躁不宁，胡言乱语，哭笑无常。丈夫周东根是个老实人，忍不住要说她几句，反而被她赶出房门。水仙白天也有些反常，本来性格开朗而喜欢热闹的她变得喜欢独处、沉默寡言且怕见生人了。

亲友中有人暗地里议论着，说水仙有可能是“中了邪气”“鬼上身”了。有人跟水仙的丈夫说最近苏州五峰山的道观里来了一个王官爷，专门给人驱邪作法，据说效果蛮灵的，可以去试试看。

于是东根陪同水仙一路问讯，找到五峰山上的一个茅草棚屋里，只见一位六十多岁头戴道巾、身穿道袍的先生，端坐在那里。东根上前问道：“这位先生是否就是王官爷？”王官爷见有人来访，一边将他俩请进屋里，一边答道：“在下正是。贵客到此，定有为难之处，只管相告。”东根便将水仙醮事暴受惊恐、神情错乱的经过讲了一遍，询问王官爷是否有什么办法能够帮助水仙辟邪消灾。

王官爷一边叫水仙跪在太上老君画像之前叩头，一边拿出两张黄裱纸铺在台上，用毛笔蘸了红色的朱砂水在上面画了两道符，稍干后交给水仙，吩咐东根说道：“这两张符法力无边，你回去只要将一张挂在帐门上，另一张藏在你老婆的发髻里，保能万事大吉，只管放心睡觉好了。”东根听王官爷说得那么有把握，悬着的心放下许多，爽快地付了斋金告辞回家。

回到家里，水仙即按王官爷关照的话，将一道符挂在帐门上，另一张埋在头发髻里，居然当天夜里就能安寝不闹了，而且连续好多天也一直没事。谁知没过多少天，水仙在洗头发的时候忘了把那张符纸收藏好，被水泡化了，结果老毛病就又复发了。于是根生再次陪同水仙前去五峰山找王官爷，哪知王官爷早已是人去屋空了。他们找到当地的村民一打听，说是这个王官爷在这里装神弄鬼，骗人钱财，前几天被人拆穿，找上门打闹了一阵子，就此不知所踪了。

消息很快传到了添号财源饭店的老板娘朱榴官的耳朵里，老板娘素来热心，而且与水仙又带上点远亲，于是叫人带信给东根说："水仙的毛病除了金里千之外没有人会看，你明天赶紧带着水仙到镇上来，我陪你们一起去看病。"

第二天早上老板娘陪同东根夫妇来到金里千的春常在室诊所，没等老板娘介绍，金里千就问："这位是不是来看'鬼上身'的？"老板娘说："咦！看来我们是碰着神仙了，你怎么一眼就看出水仙的毛病了！"金里千说："水仙的毛病我已有所耳闻，再结合她进来时的神色，我就'对号入座'对上了。"

接着，金里千就叫水仙坐下来号过脉象，问过症情，又察看了舌苔，说道："其实水仙这个病根本不是'鬼上身'，乃是七月半那夜目睹日军杀人的场景，暴受惊恐所致。中医所谓惊伤心，恐伤肾，心肾失交，故而心不能藏神，肾不能定志，诱发夜不安寐、日不宁神的毛病。要治好水仙的毛病，必须正确应用中医的理法方药，辨证施治才能药到病除。”

东根说道：“可是王官爷说水仙是中了邪气，要用符咒辟邪。头几天水仙用了他画的那两道符好像也有点管用，这是什么道理？”金里千说：“这也是王官爷之流的迷信活动能够迷惑人心而使人上当受骗的原因。王官爷那套把戏从精神病学角度上来讲，只不过是一种暗示作用而已。虽然这些暗示手法对于某些精神疾患能起到短暂的效果，但是并不能根治疾病，所以那道符泡烂以后就不管用了。要想彻底治好水仙的毛病，还是要靠中医辨证施治才行。”

接着金里千给水仙开了三帖桂枝加龙骨牡蛎汤，这是汉代张仲景的《金匮要略》中治疗惊悸失眠的经验方，交给东根说：“我今天先给你开三帖药方，你们配好回去煎服，有效最好，无效再来找我。”三天过后东根陪同水仙又来到金氏医室，说是“三帖药吃下来效果不灵，毛病照发，能不能药头再开得重一点？”

金里千叫水仙坐定下来，细辨其脉，细涩而数，详察其舌，偏红而干，分明是阴虚失眠之证，难怪桂枝加龙牡汤不能奏效。金里千思索了一会，动笔拟就一方："黄连三钱、黄芩二钱、白芍二钱、生地四钱、酸枣仁二钱、肉桂一钱、阿胶三钱、琥珀粉一钱、鸡蛋黄二枚，三帖。"并交代东根："药配好回家后先将前五味草药煎浓汁滗出，随即将阿胶、琥珀粉各半投入药汤中调和，稍后再加入一个鸡蛋黄继续搅拌均匀即可服用。过半天再如法煎服一次。"

此方乃以张仲景黄连阿胶鸡子黄汤为主方，而生地、酸枣仁则是师祖李士材治疗阴虚失眠法的主药，加肉桂以配黄连则寓交泰丸之意，能治心肾不交所致的怔忡与失眠等症，至于琥珀则有安神定志之功。

东根夫妇配好药回去后如法煎制，三帖药服后，水仙病情明显好转。后来又照方连续配服了半个月，睡眠终于安稳下来，日间的生活与精神状态也恢复正常了。

第二十四回　鱼钩锁喉　佛珠解困

1940年隆冬腊月，天寒地冻，风雪交加，原本熙熙攘攘的角直镇街头一片萧条，和丰桥头也人迹罕至。有一位外乡来的走方郎中因为开不出场子，攒不到钱，又冻又饿，流落街头。

这天早上，金里千在添号财源饭店吃过炒面，便往西栅的诊室走去。途中须要穿过一条暗弄，那暗弄原本是丰桥南堍往西的一段街，只因为此街的上滩和下滩都建有楼房，开着饭店、馄饨店和其他杂货店，街心又盖了顶棚，不透光，所以即使白天也是暗黜黜的，天刚亮的时候或者阴天下雨都是黑腾腾的，看不清人，所以被称为"暗弄堂"。因这里尚能遮风避雨，故往往也是乞丐和落魄者的栖身之地。

金里千在暗弄堂里一路走来，但见一人蜷缩在廊棚的街沿石上，左手抱着一个药箱，右手握着一个串铃，分明是一个落魄的走方郎中。他马上俯身将那人扶了起来，说道："我是本镇的中医，与你是同行，名叫金里千。今天路过此地，见你遭此困厄，心里甚为不安。我家就在西栅不远处，请你随我到诊所先安顿下来，待风雪停了以后再作计议……”

品仙正好打开了大门，只看见先生扶着一人进来，面色青紫，身子瑟瑟发抖，以为是病人，就把他扶到候诊椅上坐下。金里千关照品仙：“他是我的朋友，在外面受了寒气，赶快帮他祛祛寒！”品仙答应一声：“晓得了！”赶紧打来热水，让来客洗脸焐脚以祛寒，又端来热粥酱菜，让来客用过早餐。

不一会儿，来人神气缓和过来，忙不迭地向金里千道谢。金里千摆手说：“老弟不必客气，赵学敏的《串雅》说

过:‘负笈行医,周游四方,俗呼为走方。其术肇于扁鹊,华佗继之。’可以说汉代以前的中医都是走方医,直到南阳太守张仲景在公堂办公案的同时兼以治病,才有了坐堂医之名。走方医不但历史悠久,行医还具有简、便、廉、验四大特点:一是方药简单;二是随地取材;三是药价便宜;四是见效快,下咽即能去病,其中不乏卧虎藏龙者。所以说走方医与坐堂医应该互相尊重,互相学习。”

来人听说,更是感慨,说道:“我黄某行走江湖这么多年,第一次听到如此肺腑之言,感受知遇之恩,小弟愿拜先生为师,请师傅受礼!”金里千听说连接摆手回说:“不可!一则我俩尚属萍水之交,先生的大名都还不知道;二则先生行走江湖已久,可能不适应青灯坐读之束缚;三则走方和坐堂都是行医,各有所长,应该互相学习,取长补短。况且我俩年岁相近,还是兄弟相称为妥,黄先生你看如何?”

“好哇!我姓黄名顺,南通海安人,先祖素以铃医为业,传至我已四代。这年头到处都是兵荒马乱,民不聊生,角直素称鱼米之乡,安乐福地,想不到如今也如此萧条冷落。我在风雪中冻了一夜,狼狈不堪,若不是里千兄援手相助,后果难以设想……”金里千说:“既是兄弟,不必客气,你在这儿就如同在家里一样,有什么需要尽管说,愚兄一定尽力而为。”于是黄顺便在金里千家住了下来。

没想到第二天风雪还是不停，天气更加寒冷，上午前来就诊的病人很少，正所谓“雨落一半，风雪全无”。金里千与黄顺聊了一会儿医学心得，正准备洗手吃饭之时，只见门口急匆匆闯进来一群人，为首的男子怀里抱着一个四五岁的小男孩，来到金里千跟前便要跪下，被金里千一把扶住，让他们在候诊椅上坐下，说道：“有什么事坐下来再说。”

原来他们本是附近的渔民，祖孙三代靠打鱼为生。今天上午他的小儿子淘气，嬉闹中不慎将一枚鱼钩吞进喉咙里了，小孩疼痛，哭闹不停，家人焦急万分，连忙抱着小孩前往东栅的外科医生那里去求治。医生回说爱莫能助，除非急送苏州医院手术治疗，别无他法。那时候，从甪直镇要到苏州去全靠水路，渔家虽然有船，但是天寒地冻，江河全已被冰断，舟楫无法通行。情急之下，他们抱着一线希望转来金里千家中求治。

金里千一边宽慰病家勿急，一边细察病情：那是一个连着线的鱼钩，鱼钩已被小孩吞入口中，而部分鱼线尚在口外。金里千知道要将这鱼钩从喉中取出来，确实不是一件容易的事。沉思之间，忽见小孩的阿婆手执一串佛珠，嘴里一直在念阿弥陀佛，灵机一动，忽有所悟。遂将阿婆的佛珠取下来洗净，又叫品仙到夫人那儿去取来铜钱大的一团丝绵，先将鱼线头穿过绵团，继而再将佛珠一个个贯穿于其后。然后叫小儿张开嘴巴，左手捏牢鱼钩线，右手则将佛珠顶着绵团徐徐轻推入喉。金先生但觉前端有所抵挡，知道佛珠已到达钩尖，于是再用右手将佛珠继续往前推，左手则将鱼线稍用力向后提拉，于是那鱼钩便被前头的佛珠顶出了喉壁，并被丝绵团包裹在其中，这样一来，取出时就不会再伤着咽喉和口舌了。

现场的气氛十分紧张，所有人都屏住气息，盯住金里千的操作。只听见金里千说声“出来了”，一瞬间，那鱼钩果然随同佛珠串一起顺利地取了出来。在场的病家先是热泪盈眶，继而破涕而笑，再三称谢而归。黄顺在现场亲眼看到金里千这一出佛珠卸鱼钩的精彩表演，也不由得连声喝彩，佩服得五体投地。

第三天风雪渐停，天见转晴，黄顺便向金里千告辞，继续负笈行医而行走天涯。此后金里千一直没有黄顺的信息，直到第二年的秋天，有一位南通来的中年人来到金里千家，自称是黄顺的弟子，交给金里千《良方杂录》抄本二册，并说：“黄顺师傅已于月前病故，临终前嘱咐弟子一定要将他珍藏的临诊心得和医疗记录转赠给里千先生，以报济急知遇之恩。”

第二十五回　高热神昏　白虎续命

顾阿东是角直镇上的一位游侠式的人物，他家原本住在角直镇保圣寺旁蜡烛弄里，祖上以开豆腐店为生。顾阿东自幼喜欢练武，年轻时曾经参加过北伐军，担任上校团副，后又转投中国工农红军，任13团副团长，转战湖南、江西等地，红军的数次"反围剿"他都有参与。后来因父亲去世，顾阿东回到角直，为料理丧事不得已将豆腐店卖掉，生活因此没了着落。幸而他有一身好武艺，惯使双枪，能一枪命中掷往天空的铜板。于是，乡绅们推举他为镇上"商团"的军事教练。

顾阿东有一个儿子，名叫顾柏元，父子两人租住在添号财源饭店沈财源家中。沈老板生性仁慈，喜欢小孩，晚上经常带顾柏元一起出去听苏州评弹，回来后为免吵醒他父母，就安排他在二楼的客堂里睡觉。而客堂南面的大厢房，则是金里千夫妇的住所。

有一天晚上，顾柏元梦醒，蒙眬中听到住在隔壁的金里千与夫人说："我看顾柏元这个小孩甚为机灵，是一个可造之才。唯独缺少文化，可惜啊！"夫人说："我看也是，他要是肯学医的话，你就抽空教教他吧。”于是，金里千若有空闲，瞧见柏元在旁，便常向他传授一些中医的知识。中医看病主要在于掌握“四诊八纲”。望、闻、问、切，此为四诊；阴、阳、表、里、寒、热、虚、实，此为八纲。五脏六腑，七情六欲，均要注意平衡……此外，金里千还教导他一些保健养生之道。

顾柏元曾喂养过一只八哥，此鸟会学说“你好”“再见”等人语，非常讨人喜欢。后来被日本兵看到了强行抢去，但那八哥倒也颇有灵性，有一天竟挣脱了束缚，自己扑腾着飞回到了顾柏元的身边。顾柏元一看，那鸟儿的一只脚折断了，不能正常站立，既高兴，又伤心。他知道金里千医术高明，抱着试试看的想法，请求金里千给八哥看病疗伤。

金里千检查了这八哥的腿伤，原来是一只脚的胫骨骨折了，故而站立不稳。如果能够将鸟胫骨对好位，再固定一些日子，将胫骨接牢了，说不定还能康复行走。于是金里千找来一根粗麦柴秸秆，量好鸟腿的长短剪取一小截，剖开后将其围裹在八哥的伤腿上，外面再用胶布固定好，几天之后八哥的脚居然就能正常站立行走了，再过几天这八哥便能蹦跳飞跃恢复如前了。从此，顾柏元更是对金里千佩服得五体投地，凡是金里千所嘱所授，悉数铭记在心，为他以后插队下乡时以中医谋生打下了基础。

沈家门前的街道沿河，河岸边有石级砌成的河滩，顾柏元与一些贫困的孩子时常在河滩边将河中浮着的瓜果皮捞起后腌了食用。一次，他因吃了腐烂变质的瓜果，患上了伤寒证，高烧惊厥，生命垂危。其父亲请过几个老医生看过，都说病已危重，束手回绝。只有金里千说病虽危重，尚有一线生机。金里千不但敢担风险出手施救，而且还出面担保，让顾阿东到药店去赊药。顾柏元在高烧惊厥之际，依稀听到金里千对父亲说："现在只有一剂汤头可用，此方名叫白虎汤，内中须重用大剂石膏、知母等寒凉药，再以三撮粳米做引子。能否活命，成败在此一举！"

金里千擅治伤寒，是出了名的"金一帖"，顾阿东相信金里千的医术一定能够把顾柏元救活。顾阿东将这白虎汤一天煎两次，给顾柏元服后果然热退痉止。此后金里千又连续为他配服调理的中药，并嘱咐他一个多月内只能吃流汁。

大病中的顾柏元，头发和眉毛全部脱落，瘦得皮包骨头。金里千给顾柏元调理了20天左右，随着体力逐渐恢复，顾柏元终于能够自己支撑着坐起来了。一天，顾柏元看到靠近房间的天井里那棵桃树上结了个小毛桃，便用力撑起，探身窗外摘下此桃，正巧被金里千发现，忙问手中何物。柏元实情相告。金里千笑着说："你的病恢复得差不多了，今天你可以吃此桃了。"顾柏元喜不自禁，居然将手中桃子连皮带核吞嚼而下。

抗战胜利后，顾柏元随其父母去到上海。不久便在上海当学徒，做了十多年的工人。1961年底，顾柏元全家九口被下放到离广州50公里的杨湾乡仁和村，生活非常艰难。后来村里人听他讲曾跟随苏州名医金里千先生学过中医，让他担任赤脚医生。他在金里千所传授的医学知识的基础上继续刻苦钻研，先是给自己的亲友看病，后又为村里人治好了抽筋、腹泻、霍乱、癫痫等疑难杂症。更夸张的是，他还教会了妻子用"无痛分娩法"为产妇接生。久而久之，居然也小有名气了，每天早晨就有不少村民到顾家排队就诊。后来顾家迁至广州城，村里还有人去找顾柏元治病呢。

第二十六回　寻衅勒索　终招报应

俗语说“福无双至，祸不单行”。金里千对十多年前被湖匪绑架的事还记忆犹新，1947年的春天又遭遇了一场上门寻衅敲诈勒索的劫难。为首者名叫陈德金，是胡肇汉忠义救国军部下的一个连长，他们以筹集军饷为名，上门敲诈勒索，结果横财得手，还没快活几天，便落得个亡命枪下，血染西江的下场。真是老天有眼，苏州人有句老话说：“恶有恶报，善有善报。不是不报，时候未到。时候一到，一切全报。”就是绑匪陈德金的写照。

话说那一天早上六点多光景，盛品仙刚起床，正准备打水洗脸，只听见“乓、乓、乓”，有人将墙门间的大门敲得很响。品仙心想肯定又是急症病人来请出诊了。“来了来了！”品仙一边招呼着，一边拖着鞋出去开门。门乍一打开，只见三个陌生的汉子径直往里走。品仙感觉苗头不对，这些人似乎不像是来看病的，于是问：“你们找谁？”为首的瘦高个子斜了品仙一眼：“找金里千看病！”品仙又问：“看什么病？”面对品仙怀疑的目光，瘦高个一边说“补点血！”，一边将右手下意识地往裤腰里伸。品仙看到他撩开的长衫里面露出了一绺红缨，显然腰里挂的是盒子枪！品仙知道来者不善，就说：“请坐稍等，我即刻去告诉先生，叫他早点出来看病。”

品仙穿过百草园来到花厅里屋，把金里千叫醒后，慌忙地将刚才发生的一切告诉金里千。金里千心想来者不善，善者不来，看这架势，这伙人一大早闯上门来不是来寻衅闹事就是来敲诈勒索的。他当即对品仙说：“好汉不吃眼前亏，我先走后门到外面去躲一躲，你出去就说我吃早点去了，先跟他们应酬，见机行事。他们找的是我，不会拿你怎么样的。”品仙回到诊所对那伙人说：“金先生刚出去吃点心，要不你们到点心店去找他吧。”为首的一个高个子说：“我们哪儿也不去，就在这儿等他了。”品仙见打发不了，便将他们安顿下来，又是倒茶，又是递烟地应付着，巴望他们只是胡闹了一通后能够收手离开。谁知他们等了一会儿便不耐烦起来，硬说品仙糊弄他们，先生肯定是在里面，竟自闯进里屋去寻人，果然没找着人，便赖着说：“逃得了和尚逃不了庙，我们就在这住下了，看你金里千能躲得了几天？”

品仙对他们说：“你们不要性急，要不然我帮你们去把金先生找回来吧。”高个子说：“好吧！你跟他说，再不回来，不要怪我们对他的家小不客气啊！”品仙在附近的泰山堂药店里找到了金里千，悄悄地说：“先生，看样子这些人还是冲着钱财来的，不达目的是不会罢休的。”金里千说：“唉！这是什么世道！钱财本是身外物，家人的性命安全要紧。你去告诉他们，有什么要求，我尽力去办，千万不要乱来。”

品仙回到家里，就说：“先生一时还找不着，你们有什么样的急事要他办，能不能先跟我讲讲？”高个子掏出盒子枪顶着品仙的胸脯说：“你告诉金里千，别想跟我们耍滑头。老子是忠义救国军的，司令叫我们募集军饷，像金一帖这样的红郎中，起码要五百大洋才能让我们交差！不然别怪我手里的家伙不客气！”品仙说：“喔唷，这个事我可做不了主，还是等我家先生回来再说吧。”高个子阴阳怪气地说：“谁要你做什么主？还不快去告诉金一帖，叫他快点把钱送来，不然就抓他儿子来充军。”

金里千没法，只好向西医戴百平先生借了钱叫品仙送过去。高个子收好钱又说：“不行，还得叫金一帖亲自过来一趟！”品仙说：“先生胆子小，没见过这种场面。既然先生已经把钱凑足了，还要叫他来做什么？”高个子说：“你放心，叫他来写一个捐款条子我们就走。”金里千无奈回到家里，瘦高个逼着他在纸上书写：“金里千自愿捐款五百元，资助忠义救国军作军饷，并保证不对外声张，否则后果自负。”签好字画好押，这些人才扬长而去。事后知道那个为首的瘦高个名叫陈德金，是胡肇汉忠义救国军部下的一个连长。这一阵子,他们采用同样的手段已经勒索过好几户人家了。

数日后的一个早晨,品仙到麻皮桥堍的德兴馆面店里去吃点心,但见那个瘦高个也在那店里低着头吃面。这时外面进来两个穿短打、帽檐压低的人,窜到瘦高个的身边,用盒子枪抵住了他的后背,厉声唱道:“不许动!跟我走!”扭着他一起径直往外走。

自有胆大的爱看热闹的人跟在后面,品仙也夹在里面想看个究竟。但见瘦高个被扭押着来到角直镇西大桥外的一只木船上,船上有好几个人早已守候在那里,其中一个长官模样的人厉声喝道:“陈德金,你把在外面私自行动弄到的钱都交出来!”陈德金狡赖说:“团长,哪有这么回事?你不要听别人瞎说冤狂好人!”“搜身!”手下人一哄而上,在他的身上仔细搜查,结果竟然在他的贴身衣袋里搜出一张纸来,分明就是前几天金里千被逼书写画押的那张笔据。陈德金自知聪明反被聪明误,铁证如山,再也无法抵赖,一纵身跳入河中,企图逃命。只听见“啪、啪”两声枪响,随之河心泛起一团团殷红的血水,这个横行一时的陈德金终于自食恶果,一命呜呼了。

第二十七回　故友重逢　分外高兴

1948年春，与金里千阔别了16年之久的故友滑田友回到甪直来了。兄弟相见，分外高兴。那滑田友原本是淮阴人，怎么会与金里千如此亲密呢？说来话长。

滑田友原名庭友，又名舜卿。1901年出生于江苏省淮阴县渔沟村一个贫苦的木工家庭，是家里的长子。他8岁在镇上读私塾，辛亥革命后的第二年进入新办小学读书，成绩名列前茅。1918年小学毕业后，经两次努力，考入江苏省立第六师范学校（今江苏省淮阴中学）。滑田友在师范学校成绩优秀，美术尤其突出。美术老师管一德先生常夸赞说："滑田友是我空前绝后的学生，以前没有，今后也不会有。"并把他介绍到宿迁县第一小学和高邮县第一小学教美术。1926年因宿迁县到淮阴县一带闹土匪，滑田友转到母校任会计及庶务，半年后又转到高邮县任美术、音乐老师。

1929年，他投考中央大学美术系，因英文考零分，未被录取。1930年寒假，他雕刻了他3岁儿子的木雕头像。开学时带到学校给同事们看，大家很喜欢。在同事们的撺掇鼓励下，他拍了两张木雕头像的照片，寄给了时任中央大学艺术系主任的徐悲鸿先生，希望能当他的学生。徐悲鸿对滑田友的艺术才华非常赏识，复信说：“中国现在恐怕还没有人能刻出这样的雕像，你不必进中央大学，我愿与你做朋友，要把你送到法国去学雕塑，并希望你春假到南京来相见。”假期中，滑田友携木雕头像来到南京。徐悲鸿看到原作非常高兴，把它推荐给《良友画报》和《新闻报》发表，并在请客时把小孩头像拿给中央委员们看，为滑田友筹募旅费。

1930年，雕塑家江小鹣看到《良友画报》《新闻报》的报道后，专程从上海赶到南京，请徐悲鸿把滑田友介绍给他当助手。滑田友到上海后，先是帮助江小鹣塑了孙中山像，作品非常成功，接着又完成了蒋介石骑马像中的马。马做完后，江小鹣接到蔡元培为首的教育部保存甪直唐塑委员会之邀，与滑田友一起前往吴县甪直镇，担任修理唐塑罗汉的设计和施工。他们仔细考察了甪直保圣寺唐塑罗汉和残壁后，拟订了《修理唐塑罗汉及塑壁计划大略》，后经委员们认可通过，江小鹣即回上海，留下滑田友全面负责罗汉及塑壁的修复工程。

金里千比滑田友大2岁，在文学艺术方面有共同语言。当时滑田友的家境很是艰难，就在修复工作最紧张关键的时候，老家淮安发来一封加急电报，告诉他妻子难产垂危，催他火速赶回。然而，修复罗汉塑壁的工作千头万绪，这里的工作一刻也离不开他。等他安排好保圣寺的工作，赶回家去时，连妻子的最后一面都未能见到。不久，他的爱子铁卢也得病而亡。

滑田友孤身在角直修复罗汉，举目无亲，金里千便将他视作家凤那样的弟兄，在生活上给予悉心的照顾。他不但把自己的药室腾出来，用以安置滑田友住宿，而且还托付添号财源饭店包供伙食。在此期间，教育部保存角直唐塑委员会的副会长叶恭绰先生频繁奔走于角直、苏州、南京、上海之间，以指挥协调保圣寺的修复工程，当他看到滑田友先生长年独住在金里千先生诊所的侧屋里，全心扑在抢救工程中时深为感动，也干脆搬到了金里千的药室里来同住，两人结下了深厚的友谊。

金里千夫人常说，滑田友总想为伏虎罗汉补塑一只老虎，但是没有把握，经常在吃晚饭时拿出新塑的老虎来让大家提提意见。可能是比例太小的缘故，老虎看起来像是一只猫，惹得大家哈哈大笑。

滑田友为了报谢金里千夫妇对他的知遇之恩，将他修复罗汉塑壁制作的小泥模送给了金里千，后来被蔡元培看到后爱不释手，硬是用名人字画换走了。滑田友还为金夫人做了一幅“和丰桥”的木刻画框，后在“文革”时被毁。

滑田友早上喜欢吃面，经常到和丰桥南堍的高升馆面店吃面，高升馆的张太太看中滑田友为人老实，才艺出众，又知道他原配夫人已故，有心将女儿许配于他。她便在滑田友修复工作即将结束时，叫已婚的大女儿写了一张条子给滑田友，表示想把两个小女儿中的一个许配给他，并且任他选择。滑田友选定了小妹妹，当即由金里千出面做媒，订了婚约，以期择日完婚。

1932年秋，保圣寺工作结束，在开幕典礼上，经滑田友修复的罗汉获得各方人士的一致好评。滑田友回到上海见到徐悲鸿先生，徐先生说："你来得正巧，我要到法国去开展览会，你同我一起去吧！"滑田友把角直订婚之事告诉了徐先生，徐先生说："不妥，此去不知何时才回，最好解除婚约。"滑田友听从了徐先生的劝告，不得已写信给金里千，请他费心将婚约解除。金里千收到来信，一方面为好姻缘中途变卦而惋惜，一方面又为他能出国深造而高兴。1933年1月28日，滑田友随同徐悲鸿先生背井离乡，远渡重洋，前往当时的世界艺术中心——法国巴黎，开始了他艰辛的留学生涯。

赴法时滑田友已经33岁了，徐悲鸿先生建议他为了求学方便，瞒去10岁，用23岁的年龄在法求学。到了巴黎，通过熟人的介绍，滑田友跟从巴黎国立高等美术学院布夏教授学习雕塑艺术，然后作为预备生半工半读。第二年他以雕塑、素描均获第一名的考试成绩被录取为正式生。

学习期间，他语言不通、贫困无助，靠砸泥、割麦子、送豆腐等零工艰难度日。他居住在条件极为恶劣的顶楼里，但在这里却结识了音乐家冼星海，由于对民族、艺术的忠诚与执着，二人结为患难之交。

他虽然十分节俭与努力，但在经济、语言、人际交往等重重困难面前，也曾一度产生过退学与轻生的念头，好在最后还是以坚强的毅力挺了过来，并且取得了辉煌的成绩。1941年，他的作品《浴女》获巴黎艺术家春季沙龙展览银奖。1943年，他的作品《沉思》（站态）获巴黎艺术家春季沙龙展览金奖，作品《母爱》被巴黎市政府收藏，圆雕《轰炸》被法国教育部收藏于法国国立现代艺术美术馆。

1948年1月28日，滑田友接受徐悲鸿与吴作人先生的邀请，结束了在法国颠沛流离的15年生活，携带他心爱的雕塑作品从马赛登船回到了祖国。滑田友回到上海后随即转赴角直，一则故地重游探望恩兄，二则探询那位因为自己赴法国留学而解除婚约的姑娘。如若这位姑娘还未出嫁，他要弥补自己的失信而与她结婚。到了角直，听金里千说高升馆的小女儿已经出嫁，丈夫是一位小学教师，儿女也有了。于是滑田友放下了心中内疚，悄然离开了角直。

第二十八回　收徒清仁　开业瑞庆

1948年中秋节那天下午，就在昆山千灯镇上的木瓜浜杨家老宅门口，一阵阵喧天的锣鼓声和鞭炮声引聚了好多乡民过来看热闹，原来杨家的公子杨清仁要挂牌开业行医了。这时有几位穿着长衫的先生从桥头过来，眼尖的人认出为首的乃是角直名医金里千。原来杨清仁既是金里千的学子，又是金里千的半子，今日出师挂牌开业，金里千不但要来，而且还特地定做了一块“杨清仁诊所”的金字招牌，带着家人和其他弟子一起从角直乘轮船前来庆贺。

杨清仁将大家迎进家门，并告知岳父娇妻庆芸就在今天上午产下了一个儿子，请岳父给赐个大名。金里千沉吟道：“中秋佳节，开业挂牌，瑞兆吉庆，喜添娇孙，可谓双喜临门，遂取名为‘瑞庆’。”

杨家本是千灯镇上的大族，祖上不但有良田数百亩，而且还在千灯镇南街开了一爿药材店，亦农亦商，家境十分殷实。这爿药材店名叫“天和堂”，初由杨守忠创办，后由其子杨玉善继承，由于杨玉善信守和气生财的行商之道，街上又仅有一家中药店，所以生意很兴旺。

杨清仁于1925年出生，从小聪明好学，读书过目不忘。16岁中学毕业，长得如其名字一样既清秀又斯文。其父杨玉善考虑若叫儿子务农或者卖药都不是良策，最佳的方案就是拜一位名医为师，将来出师后回千灯镇天和堂药店坐堂行医。这样不但为儿子找到了一条合适理想的出路，同时又能带动药店的生意，一举两得。

杨玉善早就听说角直镇上有一位金里千先生医道高深，人称“金一帖”，但是为人耿直，要求严格。此前金里千也收过七八个徒弟，只因其中的金永康、罗文英两人不但学医散漫，而且在外仗势欺人，为非作歹，金里千屡次训斥无效，终将二人逐出师门，从此以后再也不肯轻易收徒了。

杨玉善有一位朋友名叫魏荣贵，他是角直镇上的牙医，与金里千也算是同行。同时魏荣贵的儿子又认了金里千为寄爷，因而又成了寄亲关系，因此杨玉善就请魏荣贵出面请求金里千收杨清仁为徒。金里千一方面情面难却，另一方面又怕再错收劣徒，因此提出必须先行面试过关才能收徒。

杨清仁在魏荣贵的陪同下来到金家，金里千看到杨清仁面目清秀、举止文静，甚至还有些稚嫩和害羞，一看就是一个妥妥的读书坯子，先有了一点儿好感。金里千接着问杨清仁：“你为什么要学医？”杨清仁憋红着脸有点儿结巴："吾……吾喜欢。""那你又为什么要拜我为师？"侬是江南名……名医，名师出高徒，我想做侬……侬……侬的高徒……"

接着，金里千拿出一本《内经知要》翻到《阴阳》篇，叫杨清仁将第一段用毛笔抄录下来并作句断。不一会儿，杨清仁将抄好的作业交到金里千的手上，金里千看到杨清仁的毛笔字虽然有些稚嫩，但是笔画间架还算中规中矩，句断也基本无误，分明具有一定的阅读理解古文的能力，符合学中医的素质条件。于是，金里千宣布考试合格，答应收徒，当即签立了拜师合约。

1940年农历五月初八那天下午，杨清仁在父亲的陪同下带着礼物再次来到金家举行拜师仪式。金家已在诊室里点香烧烛，披红挂彩，师父和师母在中堂坐好，案前铺上红地毯，杨清仁在魏荣贵的牵引下向师父和师母行跪拜大礼，并口呼"先生"，奉茶再拜。礼毕，先生一一介绍家中亲人和诊所其他徒弟。金里千的大弟子名叫金庆畲，字逢生，是金里千第二个儿子，其他在场的弟子有卢季康、管文亮、戴绍逵等人，其中戴绍逵年纪最轻，但按规矩，杨清仁一律都要以"师兄"相称。

金里千管教弟子的学业很是严格，训导学生要做到"行方、智圆、心细、胆大"，认为行医治病事关人命，一定要遵从叶天士的遗训："必天资敏悟，读万卷书，而后可以济世。”如《内经》《伤寒论》《金匮要略》《温热论》《本草纲目》等都是必读的理论专著，还要多读历代医学家的著作，发现有不理解的难点，再请教老师点拨。先掌握理论，再接触临床辨症，最后实践开方。

杨清仁是一个勤学多问的人，自学时常在书上圈点旁注。每当先生在治病空隙时或闲暇高兴时，常会见缝插针地请教问题。先生往往有问必答，不厌其烦地指点迷津，并好多次在其他几个弟子面前表扬杨清仁刻苦钻研的精神。因此，金先生出诊时通常都叫杨清仁随从。

有一次出诊斜塘，忽闻岸上有人大呼：“金先生救命！”其声急迫，先生忙泊舟询之。原来有一对农家夫妇在吴淞江滩边垦种野田，午后男人突然尿血，茎痛如绞，小腹憋胀，尿道若有所堵。正喘汗呼号、无可奈何时，有人看到金里千的出诊快船驶来，乃疾声呼救。先生诊查过后，叫杨清仁回舱取来一把鹅毛扇，择其粗者卸下一翎，剪去头尾，取中空一段，再从诊箱里拿出体温表捣碎后集其中的水银于磁盘中，再令病者仰卧，将鹅管轻轻插入尿道，再将水银灌注管中，使之顺尿道渗下。俄顷，病者顿觉茎中忽通，小便汩汩如泉涌而出。先生急命其站立用力屏气，只见宿瘀、水银并一枚黄豆般的大结石俱随小便而出，病者竟诸痛若失。

杨清仁很是惊讶，问先生：“只听说过古人有葱管导尿法，先生今天的做法是仿效西医否？”金里千先生笑答：“非也，水银导尿法在明代的《景岳全书》还有清代龙之章的《蠢子医》中都有记载。你们今后尚需博览广思，方能临诊不惑。”

杨清仁回家后找出《景岳全书》翻查，果见其中三十四卷《杂证谟·癃闭》载有通塞法：“凡败精干血，或溺孔结垢，阻塞水道，小便胀急不能出者，令病人仰卧，亦用鹅翎筒插入马口，乃以水银一二钱徐徐灌入，以手逐段轻轻导之，则堵塞皆通。路通而水自出，水出则水银亦从而喷出，毫无伤碍，亦最妙法也。”又找到《蠢子医·内治不得须外治》篇中有：“又尝遇一小便不通症，这人用这攻，那人用那攻，愈攻愈不中。我用水银珠，装入鸡翎中……产翎入肾窍，一滴便有功。如何怎见效？纵是神仙知不清。可知天下小方儿，皆具大神通。只要用得着，便是君子而时中。”自此以后，杨清仁对先生越发崇拜与敬佩了，读书的劲头也更足了。

杨清仁也是一个聪明勤快的人，自从投入师门以后与先生朝夕相处，除了每天打扫诊所卫生，照应病人、抄方调药之外，还能关心先生起居，以至于融入了先生家的生活，赢得了金家三小姐庆荟的芳心。后来由金里千作主玉成了两人的婚姻。这样杨清仁如同当年的金里千投师殷骏生一样，形成了学生加女婿的亲密关系，得到了更精心的培养。

杨清仁在金里千门下学习了九年，金里千认为他完全可以独立开业了，于是催促女婿自立门户，回家挂牌行医。杨清仁由于得到岳父名师的指授，兼以自己的虚心好学，开业以后很快在当地群众中建立了很好的声誉，成为昆山地区的一代名医。

第二十九回　拥护新政　筹建联诊

1949年初，解放军进城，金里千对于新生活充满了热情和期望，对共产党的各项政策抱以积极拥护的态度。1951年，金里千两个正在中学念书的儿子金庆奋、金庆田应征参军，对抗美援朝的动员工作起到了较大的推动作用，金里千被推举为角直镇军烈属协会主任。1952年，金里千又被选为吴县政协常委、吴县科协常委。

当时角直镇比较有名的医生除了金里千之外，尚有殷季达、顾景亭和戴百平，被老百姓称为医界的“四根庭柱”。

殷季达是金里千的内叔，年轻时先是跟随其兄殷骏生学中医，后考入清末状元张謇创办的南通医学院，1918年毕业，在丹阳与同学合开诊所，1922年回角直开设诊所。他医术精湛，待人和气，药价公道。因为门诊病人太多，常须看到下午三四点钟，以至难以出诊，人称“请不出的殷季达”。

顾景亭是金里千的师弟，其先祖三世都是清代吴中名医，在角直享有盛名。其父韫石患上了烂喉痧重症早逝，临终前将襁褓幼子景亭托孤师兄殷骏生，嘱托殷骏生授景亭岐黄之道，殷骏生慨然相应。故顾景亭15岁即师从殷骏生继承家业，不但医术精，而且医德高，对病家贫病不计，真诚相待，在当地具有很好的口碑。

戴百平毕业于上海东南医学院（今安徽医科大学）。1934年任浙江省峡石宏康医院医务科主任。1938年返回角直镇，在中市上塘街开设戴百平诊所，从事西医内儿科及妇科工作。工作认真负责，提倡同行相助，同道相切，乐于助人。

这四人之中有二位是师出名门的中医，二位是科班大学出生的西医，他们精湛的医疗技术无形中成了角直镇人生命安全的有力保障，因而被当地老百姓称为“四根庭柱”。

1952年，金里千与殷季达、戴百平、顾景亭等在角直镇眠牛泾浜成立了医师协进会，组织医事学习和交流活动，并配合政府开展卫生防疫工作，下乡接种牛痘及其他疫苗，并开展血吸虫病的调查和治疗工作。

1954年底，他们按照“政府领导，自愿结合，集体经营，民主管理”的原则，以自带诊疗器具设备折价入所的方式，发起筹建联合诊所。经过他们的宣传动员，先后有中医内科戴盛年、朱佩民，外科方冠洲，伤科朱剑虹，眼科车禹文，妇科郑怀萱，西医内科张凤仙，产科戚宁英、陈大妹，药工殷绥百、金凤英等共18人积极响应，于1955年1

月10日在角直镇中市上塘街三官弄内成立了角直联合诊所。角直联合诊所开张以后，大家各尽所能，各显神通，日门诊量多达400多号。

正当大家干得热火朝天的时候，金里千发现车禹文老弟有点不大起劲，便悄悄问他："禹文弟，我们一起筹建联合诊所的时候，你是那么的积极，为啥现在反而有点不起劲了？"车禹文说："里千兄，我这眼科在这里是个小把戏，不像你们那样受人抬举。最近马文良来找我，要我去做醒钟街街长，我正在犹豫呢。"金里千劝他说："禹文弟，你是祖传的中医眼科，你家的点眼药、洗眼方都是有特效的不传秘方，应该发扬光大。谁说中医眼科

是小把戏？我们今后不但要加强眼科，还要引进耳科、鼻咽科及肛肠科，只有这样我们甪直联合诊所才能全方位地为人民服务。”这一番话说得车禹文心服口服，遂又活跃如前了。

第三十回　省院受聘　县委挽留

1956年6月，江苏省医务卫生技术人员代表会议在南京召开，省长惠浴宇和卫生厅厅长吕炳奎到会并做了报告。在学术交流时，金里千介绍了自己的带徒经验。

他首先谈到士材先师从事医学生涯四十余年，临症经验丰富，治病不拘古法，善治疑难重症，常能出奇制胜，是一位著名的临床医学家，也是一位杰出的中医教育家。士材先师不但“生徒满宇内”，而且得益于高徒的协助，使得士材之学代代相传，形成流派。

现今虽然科举已废，实行新法教学，但中医收授弟子时还是必须重视文化素养，纵观士材学派的弟子都是以儒通医，所以不但医术高明，而且都有著作传世。所以他认为中医收徒必须重视文化素养，收徒前应该通过面试和笔试，用以考核求学者的文化知识和思辨能力，考试合格方可签订拜师合约，以免徒弟入师门后学不成器，进退两难。

其次，他谈到学习中医必须要重视基础理论，不能光背一点儿《药性赋》《汤头歌》就算学过入门。他的经验是先从《内经》《伤寒论》《温病条辨》《本草纲目》等经典学起，打好基础，再参考士材著作《内经知要》《医宗必读》和“士材三书”，以及角直先辈的《内科心典》《医学蒙引》《病机选论》《沈安伯医案》《吴医汇案》等秘传读本，循序渐进，才能登堂入室。

金里千认为阴阳五行是中医入门的难点和要点，因其理论抽象变幻，难于掌握。他在会上展示了自己多年来摸索自创的两个教具：阴阳调控十一式和五行互生互克立体模型图。阴阳调控十一式即以图文结合的形式将阴阳平衡调控的基本法则总结归纳为十一种基本图式；五行互生互克立体模型图即设计了一张以五个顶点构成的立体几何图形，用以阐明五行之间互生互克的关系，并纠正传统的单向五行生克平面图的缺陷。

带徒学习的时间以五年为宜。即抄方二年：白天抄方，空闲及夜间读书，随时检阅辅导；襄诊二年：襄助诊治，参研医案，辅导后学；试诊一年：接待初诊，尝试随症施治到辨证论治的实习。通过试诊锻炼，基本具备独立诊治各种病症能力，方可准予出师。

第二天晚上，时任江苏省中医研究委员会主任、江苏省中医进修学校教务长樊天徒先生专程来到招待所找到金里千，说：“里千先生，我们昨天听了你的大会发言后，留下了很好的印象，叶橘泉先生还专门介绍了你的情况，说你在当地的声望很高,又有带徒经验。当前我省正在积极筹办江苏省中医研究所和南京中医学院这两大项目,我们打算调你到南京来加入我们的队伍,为发展我省的中医事业做出贡献。”金里千答道:“谢谢各位领导对我的鼓励和提携,但不知调我来南京担任什么工作?”樊天徒说:“我们觉得你不但在中医临床方面很有造诣,而且有一定的教学经验,因此特来征求你个人意见,不知你比较倾向于搞科研还是搞教学?”金里千说:“我考虑自己的苏州口音比较重,做老师讲课吃力又怕人家听不懂,还是搞科研比较合适。”

6月底,金里千接到由省卫生厅厅长吕炳奎亲自发来的聘书,嘱其到江苏省中医研究委员会报到,参加筹建中的江苏省中医研究所的血吸虫研究小组的工作,任副教授,月工资150元。金里千被抽调到省里工作的消息很快在甪直传开了。

正当他忙于安排好家属子女准备动身前往南京报到之时,接到了吴县卫生局洪大观局长的电话,洪大观说:“县委嘱卫生局出面动员你不要去南京了,服从当地建设需要,留下来筹建吴县人民医院。”

其实金里千那时也碰到了一些实际问题:当时金里千有子女16个,其中有8个子女尚未成年,需要读书,如果调到南京的话需要迁移、租房、转学等,许多实际问题需要处理，所谓船大掉头难。现在既然当地政府出面挽留，自己又是县政协常委，一方面情理难却，另一方面又避免了调迁南京所带来的生活难题，最终决定留了下来。当年9月，金里千和殷季达同时收到了吴县卫生局调令，一起被抽调到浒关筹建吴县人民医院。

11月8日晚上，角直联合诊所的门诊大厅内灯火通明，全体医护人员在这里聚会，欢送殷季达先生调任吴县人民医院业务院长，金里千先生调任吴县人民医院中医科主任。两年多，在由殷季达、金里千、戴百平、顾景亭这“四根庭柱”的带领下，角直联合诊所已经初具规模，业务蒸蒸日上，但如今殷季达和金里千这“两根庭柱”即将调走，大家一方面是可喜可贺，一方面又是难舍难分。

刘哲明先生当即赋了一首诗赠予金里千：“甫里殷家名世医，千金肘后尽参之。胜蓝应数乘龙客，泰岳亲传作导师。”顾景亭师弟即席作和：“数载师门共学医，伤寒金匮曾研之。而今荣调浒关去，掌握临床作导师。”车禹文医师更是热情奔放：“学得本领穷不放，自有一日上天堂。我们友谊十多年，一旦分手两汪汪。”

11月11日，殷季达和金里千一起来到浒关报到，投入到了艰巨的创业工作中。吴县人民医院开头借用浒关南津桥下塘的部队卫生队门诊部开展工作，后来县政府在毛家弄蚕种场附近新建了十数间门诊平房，再征用蚕种场的部分房屋作为病区和辅助用房，吴县人民医院才开始挂牌正式开张。初创阶段条件十分艰苦，殷季达和金里千二人被安排在医院边上竹芭园的一间不到20平方米的宿舍里，这两位花甲老人以前都是“衣来伸手，饭来张口”的旧知识分子，而今要他们自己洗衣、做饭了，其间的艰难吃力可以想见，但也都被他们挺过来了。

第三十一回　食养疗法　独辟蹊径

金里千调到吴县人民医院后即被任命为中医科主任，此外还兼任吴县医学会副主任、吴县中医中药研究会主任等职。所以除了要推进本院的医疗工作之外，还要分担全县中医中药的科学研究、学术交流、科技推广及会员服务等工作，因此他仍旧与省中医学会和中医研究所保持着密切的联系。

省中医研究所叶橘泉和樊天徒获悉金里千因当地政府挽留而不能来宁工作，十分惋惜。他们知道金里千早在1954年开展血防工作以来，就对该病做过较多的研究和探索，在辨证治疗方面积累了一些经验，所以希望在防治血吸虫病方面继续开展省县之间的科研合作。

就在1956年6月的那次省医务卫生技术人员代表会议上，惠浴宇省长和吕炳奎厅长都发出了5年内消灭血吸虫病的动员令。1957年4月，国务院也发布了《关于消灭血吸虫病的指示》，尤其是在1958年10月3日《人民日报》发表了毛泽东的《七律二首·送瘟神》之后，更是将血吸虫防治工作进一步推向了空前的高潮。

吴县是全国血吸虫病流行的重点县之一，经过普查，流行区总人口达902429人，占全县总人口的92.72%。全县39个公社（镇）中的677个大队、6957个生产队均有血吸虫病流行，特别是角直、唯亭、胜浦一带水网地区尤为严重。当时角直镇32个村中就有30个村有钉螺、有血吸虫病人，占92.3%，而唯亭、胜浦更是个个村里有钉螺、有病人，高达100%。

当时西医已经采取灭钉螺、锑剂治疗等措施开展大规模的防治血吸虫的群众运动，取得了明显的效果。但是尚有许多病人因锑剂产生严重的肠胃道反应、心肝损害，甚至出现阿-斯综合征等严重的毒性和副反应而不适于锑剂治疗。这些不适于锑剂的病人能否用中医中药来治疗呢？金里千想起了早年应用花椒治疗张福生姜片虫病的验案，决定应用花椒来治疗血吸虫病。

治疗方法是选购优质四川大红袍花椒，干燥后磨成细粉备用。服法：大人三钱，儿童一到二钱，一日二次，直接吞服或温开水送服，半个月为一个疗程。为了保证治疗的效果，在当地政府的支持下，金里千请这些不适于锑剂治疗的病人在农闲时集中住宿于生产队的仓库、会堂里，由卫生员统一分发花椒药粉，并目睹病人服药后才离开。疗程结束再经粪便虫卵孵化检查，以确定疗效。这个疗法经济实惠，效果显著，深受当地政府和群众的欢迎。

此外，金里千还代表吴县医学会与省中医研究所合作，开展食养疗法治疗晚期血吸虫病的科研活动。晚期血吸虫病出现肝硬化、脾肿大、腹水等病变时已属于中医“风痨臌膈”四大难症之列，治疗十分棘手，如不及时治疗往往会丧失劳动能力，甚至可以危及人体生命，以致造成“万户萧疏鬼唱歌”的悲惨结局。

金里千自1954年开展血防工作以来，曾对晚期血吸虫病肝硬化、腹水做过深入的研究和探索，在辨证治疗方面积累了一些经验。金里千认为本病属于祖国医学“症积”“蛊胀”范围。其发生和发展的机理一是由于虫积为患，肝脾疏运无权，气血瘀阻，经隧痹塞以致肝硬化和脾肿大；二是日久失治，正气虚损，肝失疏泄，脾失运化，水湿泛滥，浮溢于外则为浮肿，潴留于内则为腹水。临床每见积先于胀，后则合并为病。如戴思恭《证治要诀》所谓：“此病多以积渐而致。”

金里千认为暴病多实，久病必虚。即称晚期血吸虫病，失治已久，正气大衰，故迁延难复。如张景岳云：“壮人无积，虚人则有之。”角直先贤徐时进在《医学蒙引》中亦谓：“治积之法，养正自除，症非一日，难以速驱，骤用下药，徒伤正气。”因此，金里千治疗晚期血吸虫病肝硬化、脾肿大、腹水的病症侧重于食养疗法。

1958年7月，金里千与省中医研究所合作，在角直、胜浦和唯亭设组开展中医药食养疗法治疗血吸虫病科研活动。其治疗方案如下：

1.对于晚期血吸虫病肝硬化、腹水的病例：采用鹅血食养疗法。

药方用活鹅一只，宰杀后取新鲜鹅血（一只鹅血量为120ml—150ml），黄酒适量炖热后冲入鹅血中即成。服法：每日一只鹅血量，尽量饮服，5—10天为一疗程。本方适用于晚期血吸虫病腹大羸瘦，肝脾积痞，腹大脚肿者。资料统计有效率达92.1%。

2.对于晚期血吸虫病肝硬化、脾肿大的病例：采用双甲猪肚丸治疗。

药方用生猪肚50%，炙鳖甲25%，煅牡蛎25%。猪肚洗净后文火煮烂，捣成糊状，鳖甲、牡蛎同研细粉，入猪肚糊内，法丸如绿豆大备用。服法：50天为一疗程，每日3次，每次6克至10克，温水送服。

3.对于晚期血吸虫病结肠病变、见便血经久不愈者，则用复方蛇含石丸治疗。

药方用蛇含石25%，生苍术75%。蛇含石煅透、醋淬七次，研末水飞；生苍术用米泔水浸洗，晒燥后研极细末。两味混合，水发为丸如绿豆大备用。服法：50天为一疗程，每日3次，每次3克至6克。

据省中医研究所《"食养"疗法对晚期血吸虫病实验

治疗的初步观察》统计：1958年7月至10月间角直血防科研组共治疗了晚期血吸虫病209例，获得追踪观察者有63例各型晚期血吸虫病的随访资料显示：显效23例，占36.5%；好转35例，占55.6%。总有效率为92.1%。

角直界浦桥西有房姓姐弟二人，其父母都因患血吸虫病中年夭亡，他俩不但成了孤儿，而且也都患上了严重的血吸虫病。

哥哥房竹明，18岁时在角直镇草品工场做工，治疗前有明显的腹水症，肝肿8厘米，压痛，发育不良，矮小羸瘦。1年前曾用过全程锑剂治疗，症状不减，不能劳动。后采用鹅血疗法为主，辅以双甲猪肚丸和淮山药、楮实、赤小豆等药物治疗3月，肝肿减去5厘米，压痛消失，腹水消除，体重增加，面色转润。

妹妹房扣娣，14岁，经体检属于不适宜锑剂治疗者，平时经常发热、便血，肌瘦筋突，肋骨显露。给予双甲猪肚丸、胡麻、黄鳝等食养疗法治疗2月，体征明显改善，体力增强，面色红润，体重增加。

后来金里千偕同省中医研究所科研组一起追访房竹明、房扣娣时，他俩高兴得手舞足蹈。

第三十二回　酸浆退黄　单方愈病

1956年3月，江苏省中医中药学术研究委员会编辑了一本《中医秘方验方汇编》，由江苏人民出版社出版后，受到了广大民众的欢迎，接着又续编了第二集，于1958年4月刊印。金里千觉得吴县历来名医辈出，有着深厚的中医文化底蕴。民间流传的单方、秘方、验方极多，是祖国医学文化遗产的一部分，蕴藏着极为丰富的临床经验与医疗精华，对我国民族的生存和延续发展起着巨大的作用，具有很大的临床应用与科学研究的价值，应该努力发掘，为广大人民身体健康服务。于是他在中医学会活动时向上级建议在全县范围内开展中医药的采风、访贤和献方的活动。

金里千的提议受到了吴县卫生局的大力支持，县卫生局一方面发动各乡镇的中医和群众开展采风和献方活动，一方面请金里千牵头，医学会赵逸帆秘书协助，聘请刘哲明、顾景亭、顾允士、唐济民等4位医师组成工作组，定期集中到苏州凤凰街滚绣坊23号的吴县医学会开展编辑工作。

这次中医药的采风和献方活动历时1年多，得到了吴县各乡镇中医药同仁的欢迎和支持，先后征集到吴县各地老中医贡献的单方、验方和秘方达11425张，加之金里千平素喜欢收辑访集各种单方、验方和秘方，献方最多，后经筛选出1192方，并加以分类整理，于1959年12月编印成《祖国医药采风集》一书。

有一天赵逸帆与金里千一起到市科协参加会议，结束时赵逸帆拉住金里千说，他在苏州干将坊有个亲戚，3个小孩都患上了黄疸肝炎，请金里千顺路过去看一看。病家姓张，家里有3个儿子，最大的10岁，老二8岁，最小的4岁，6月底同时患病，症见发热，食欲不振，皮肤、巩膜和小便发黄，经苏州专区医院确诊为“黄疸肝炎”。病家也请老中医诊治过，曾经配服过茵陈、山栀等清热渗湿利尿之剂，服后稍有好转，但小儿怕苦，不肯服煎药。正在家长焦头烂额之时，正好赵逸帆过来探视，于是张家便请赵逸帆想想办法。赵逸帆在前一阶段与金里千在编辑采风集时，发现金里千不但经验丰富，而且脑筋活络，因此他就把金里千邀来诊治。

金里千将3个小孩儿叫过来，逐一号过脉看过舌苔后对他们说：“你们放心，阿爹给你们开的药不是苦的，而是甜的。只要你们听阿爹的话认真服药，保证不出半个月将你们的黄疸全部退清。”三弟兄听他这么一说，高兴地拍起手来。

接着金里千说这个药方要用到一种叫灯笼草的草药，学名叫作酸浆，民间又叫红姑娘。孩子的父亲说：“这种药草我认得。”金里千说：“那更好，灯笼草在苏南农村十分常见，你只要到乡下种毛豆的地里去找，很容易找到。找到后就将它连根拔来，洗净切碎后煎1小时，再在泌出的药汤里加些糖，做成糖汤给孩子服用即可。”

当时苏州城门之外都是农田。病家按照金里千的指示每天到乡下去采来灯笼草，煎成糖汤给小儿服。连服十来天之后，3个儿子的黄疸果然全部退净，痊愈了。那天晚上病家带着3个儿子特地来到医学会面谢金里千。赵逸帆说：“金医生真是中医里的高手，这3个孩子的病没花一分钱，又不用服苦药，居然就那么轻易把病都治好了。”

金里千说：“灯笼草治疗黄疸一直是流传在角直民间的验方，我在年轻时也曾患过黄疸病，就是用灯笼草煎汤加糖服好的，所以对它有很深的认识。去年1月份，角直中和居会的胡福仙患黄疸肝炎来找我，初起时头晕疲乏，食欲减退，右肋隐痛，便秘溲赤，体温37.5℃左右，我嘱咐他用灯笼草煎汤内服，5日后黄色渐退，半月后复查小便尿胆原转为阴性，即恢复健康。2月份又有角直镇中市上塘街的萧大妹亦患此病，面目发黄，小溲短赤，胁痛泛恶，胸闷咳嗽，体温37.5—38.5℃，经过西医治疗未见疗效，亦嘱服用灯笼草方，10日后即获痊愈。”

《本草纲目》论酸浆曰：“苗、叶、茎、根苦寒、无毒，子酸平、无毒。可治热咳咽痛。用酸浆草为末，开水送服。此方名‘清心丸’。同时还以醋调药末敷喉外。”金里千说：“以前我在角直时常用酸浆草磨粉制成清心丸，免费送给患有喉炎或者扁桃腺炎的病人含服或嚼服，亦有良好的效果。但灯笼草因有堕胎之弊，孕妇应忌用。”

清代名医徐灵胎《医学源流论》指出：“单方者，药不过一二味，治不过一二症，而其效则甚捷。……凡人所患之症，止一二端，则以一药治之，药专则力浓，自有奇效。”因为单方、验方组成很简练，疗效亦专一，药专力宏，针对性强，只要诊断明确，病情单纯，是为首选，有时它的疗效甚至优于复方，因而民间乃有“单方一味，气死名医”的说法。

后来金里千撰写了一篇《用灯笼草治疗黄疸介绍》的文章，发表于《江苏中医》1960年第10期。杂志社为此文加了编者按：“酸浆，《神农本草经》云：‘主热烦满，利水道。’传染性肝炎，类多湿热发黄，故灯笼草最相宜。朱丹溪云：‘灯笼草能除湿热，轻能治上焦，故主热嗽咽痛。’可知酸浆不独治黄疸，对热嗽亦有特效。此物药店中亦有出售，名‘挂金灯’，价甚廉，农村取得更易，值得推广。”

第三十三回　卵巢囊肿　山甲效灵

1958年8月初，家住角直镇建新居委会杨家花园25号的张扣珍因右下腹痛，且自己摸到右腹部有一鸡蛋大小的包块，前往苏州医学院附属医院（今苏州大学附属第一医院）检查，诊断为“右侧卵巢囊肿”，必须手术治疗。张扣珍一则害怕开刀，二则经济困难，就以要与家里人商量为借口回家了。

张扣珍家就住在金家弄的后门口，她打听到金里千先生虽然调到了浒关吴县人民医院工作，但休假回家时还经常放弃休息在角直联合诊所上班义诊。以前只晓得金里千治伤寒是有名的一帖药，不知道他治妇科病怎么样。8月24日，金里千先生休假回来了，第二天她抱着试试看的心态挂上了金里千义诊号前来求诊。

金里千详细查看了张扣珍的病历记录：

张扣珍现年27岁，19岁结婚，21岁后曾流产3次，24岁后生育一女一子，女儿4岁、儿子18个月。

门诊体检：体温、脉搏、呼吸正常，面黄消瘦、心肺正常，腹部膨隆，右侧下腹部可扪及鸡蛋大小之包块，质硬，有轻度压痛，无移动感，肝脾未扪及，腹股沟淋巴腺不肿。

张扣珍3年多前曾因下腹部疼痛，前往苏州市第一人民医院（今苏州大学附属第一医院）诊治，诊断为腹部肿瘤，住院3天后腹痛缓解，并未进一步治疗就出院了。2年前张扣珍右下腹痛又发过，未经治疗。今年3月张扣珍右下腹隐痛又作，劳动时加重，自己在右下腹摸到一鸡蛋大小的包块，再至原医院门诊检查，诊断为“右侧卵巢囊肿”。服药治疗3次，病症不减。

金里千认为卵巢囊肿为现代西医的病名，中医学无此记载，本病似属于中医“血症”的范畴，病由瘀血停留，凝结腹中，日久积聚成为有形之症块。就如《医学汇海》中所说：“血症者，妇人经行或产后，或伤风冷，或伤饮食，以致内瘀血搏，凝滞不散，久则成块而作痛也。”治疗“可用消瘀破血之药治之”。

但是金里千认为本病不适于峻猛攻逐之法，宜用渐消缓散的药物主治。他思索了一会儿后，给张扣珍开了一剂丸药方，嘱张扣珍前往苏州老阊门沐泰山大药房去配制。方用：穿山甲片1斤，先用粗砂炒至极烫，再投入穿山甲片同炒至松脆为度，研成极细粉末，再用黄蜡适量溶化调和为丸，丸如绿豆大，每日2次，朝夜各服1钱，开水送下，连服1个月。

张扣珍服完了药丸后，于9月18日再来复诊，告知腹痛未作，腹中肿块缩小约三分之一。金里千即在前方中再加入麝香五分，嘱张扣珍继续如前法服用。张扣珍连续服了2个月之后，症状消失，腹无痛苦，包块消失，月经复潮，带下亦瘥，自我感觉良好，就停服中药了。后来张扣珍于1961年夏季又顺产一个小孩，一切安康无恙。

金里千应用穿山甲黄蜡丸方不但能够消除妇女的卵巢囊肿，对于子宫肌瘤亦有良好的治疗效果。甪直病人贺兰珍患子宫肌瘤，于1959年8月求治于金里千，他同样采用穿山甲黄蜡加麝香制丸的方药施治，贺兰珍服了1个月后腹部症状消失，并无其他不适。后因穿山甲黄蜡丸加工困难暂时中断，改用采摘本地新鲜的枸橘李，每次3至4只，每日3次煎汤服下，连服3个月后肌瘤病灶全部消失。

穿山甲善消症积，古人应用穿山甲治疗妇科病症历史悠久，如宋代陈自明《妇人良方大全·卷之一·调经门》治血脉不通方即用：穿山甲、当归、蒲黄各半两炒，辰砂一钱、麝香少许，研为细末，每服二钱，热酒调下。如不吃酒，薄荷、醋汤亦可。明代李时珍的《本草纲目》附录《摘玄方》：治妇人阴颓，硬如卵状。穿山甲五钱，以沙炒焦黄为末，每服二钱，酒下。

后来金里千又在清代龙之章的《蠢子医》中翻到一首诗："山甲亦可号将军，我尝治病屡出神。有一妇人月病久，诸药不效死为邻。腹疼卧床甚难忍，一为诊脉脉横陈。即用山甲末一两，黄蜡为丸麝香匀。日食一钱痛即止，不满十日大回春。”金里千的医方可以说与其不谋而合，殊途同归。

枸橘出自《本草纲目》：“枸橘，处处有。树叶并与橘同，但干多刺。三月开白花，青蕊不香。结实大如弹丸，形如枳实而壳薄，不香。”《本经逢原》也指出：“枸橘与枳同类，其干多刺，故破气散热之力过之。”故枸橘李与枳实形同而实异，金里千恐怕药行配售的枸橘李与枳实相混淆，因而特地关照贺兰珍去采摘新鲜的枸橘李来煎服。

第三十四回　瘰疬缠颈　壁虎消痰

瘰疬是一种发生于颈部淋巴结的慢性化脓性疾病，苏州人俗称为“疬子颈”。发病时可在颈部皮下扪及大小不等的结块，互相串连，小者称为瘰，大者称为疬，中医统称为瘰疬。本病相当于西医的淋巴结核，初期表现为淋巴结肿大，质硬而无痛，可推移；病变发展可因淋巴结周围的炎症而使各个淋巴结及其周围组织互相粘连，融合成团或成串珠状；后期可以发生淋巴结局部坏死、液化而形成脓肿；脓肿破溃后可流出豆渣样或米汤样脓液，最后形成窦道或慢性溃疡而经久不愈。

金里千在初学中医时遇到一位农村老太太，她传授给金里千一个治疗瘰疬的祖传单方，说是用壁虎磨粉可以治疗瘰疬病，无论内服或者外敷都有特效。金里千因为自己10岁时亦曾患过瘰疬，所以对这个单方很感兴趣。他回去查考《本草纲目》，其中载有：“守宫，旧云不入药用，近时方术多用之。”其中引载了《青囊杂纂》方：“治瘰疬初起，用壁虎一枚，焙研，每日服半分，酒服。”“血积成块，用壁虎一枚，白面和一鸭子大，包裹研烂，做烙饼熟食之，当下血块，不过三五次即愈，甚验。”由此可知，壁虎治瘰疬的单方在民间相传已久，可以效用。后来他用此方医治了不少瘰疬病，果然都获得了不可思议的良好效果。

如1947年春，角直有一个名叫严雪珍的女病人，时年34岁，两侧颈项间长出许多小疙瘩块，随后逐渐增大至桂圆大小，整个颈脖粗肿，但不红不痛。一次她丈夫阿根在街上遇见金里千，问他：“这几年我老婆头颈里生了许多‘疬子颈’，开头只有几粒，黄豆样大小，也找人治过，但都不见效。最近都长成蚕豆样大而且连成串了，真有点儿吓人！金先生你能不能开一个方子帮我老婆治治？”金里千说：“我有一个单方，是从《本草纲目》中看得来的，你回去不妨可以试试。这个方子很简单，就是每天用壁虎干三条磨极细，做于馒头或大饼之内，不能让你老婆知道，让她每天早晨当早餐吃，连服几天即可消散。”阿根回家后按照金里千吩咐的办法请人做好了烧饼给老婆吃，他老婆居然被蒙在鼓里连吃了七天的壁虎烧饼，头颈里的“疬子颈”居然不知不觉地逐渐缩小乃至消失了。

角直陆巷村有一张姓妇女，于1955年4月项间患瘰疬，肿胀突起。当时她年方22岁，怀孕6个月。金里千见她年纪轻轻，而又身怀六甲，经济困难，无力就医购药，毛病拖下去则后果难以设想，于是就将自己制成的壁虎胶囊送给她100粒，嘱咐她一天服3次，每次服2粒。病人感激涕零，回家按时服药，药未服完，颈部的瘰疬日渐消散而愈。

1959年，金里千的堂侄女毛蓓蓓，年方10岁，居住在上海，患有瘰疬，发育不良，形体消瘦，面色少华，曾在上海市儿童医院诊治过，没有效果。其母亲金家华知道堂兄金里千善治疑难杂症，特地回到角直请求堂兄治疗，并说女儿不肯吃煎药，要求开的药量不能太多，药味不能太苦。金里千思考了一会儿，开出一方，即用壁虎干50条，烘脆勿焦，研成细末，灌装入空心胶囊内。一日3次，每次服2至3粒。另外用壁虎干粉少许外敷，并以膏药固定。金家华配好了壁虎粉，带回去后按照堂兄关照的方法给女儿内外兼治，半个多月后，女儿颈部的瘰疬竟然全都看不见摸不到了。

1960年秋，有一病人名叫查春林，时年22岁，在角直粮管所工作，右颈部患了淋巴结核，当时已经溃破溢脓。他在角直联合诊所外科接受治疗时，除了外敷药膏外，还连续注射链霉素，治疗了一个多月，仍有溢脓，不能收口。一天，金里千前往角直联合诊所联系工作，查春林正在治疗室注射和换药，看见金里千路过，便拉住了金里千，请求金里千想办法治疗。金里千说："你的病属于慢性淋巴结核，并且病灶已破溃而不能收口，再用消炎药膏与链霉素已经不起作用了。现在关键问题是要用既能清创又能收口的药物进行局部治疗，才能使病灶得以控制，病情得以康复。我有一个单方，或许可以达到这样的效果。”查春林说：“啊呀！我把全部希望都寄托在你金先生身上了！金先生你不要卖关子了，快告诉我是什么药方，我马上去办。”金里千说：“这个药方其实很简单，就是先将壁虎干磨成细粉备用，再请护士帮你先清创消毒好，再将药粉敷于创口上，外面再用膏布封贴固定，每天一次。”后来查春林即用此法治疗，病灶果然逐渐愈合，恢复正常。

后来，金里千将自己应用壁虎治疗瘰疬的病例收集整理，并附以自己的临证体会，写了一篇名为《壁虎治疗瘰疬》的文章，刊载于《江苏中医》1963年5月第5期。

第三十五回　失眠惊悸　交泰安神

1960年初夏，角直酱品厂的副厂长张崇根提着几斤新出市的角直萝卜干来到金里千家，说是夫人生了一场怪病，最近老是疑神疑鬼，不敢出门，故而想请金里千到家中为夫人治病。

金里千随同张厂长从东市上塘街往东走了一段路，临近鸡鹅桥时便到了张崇根的家。这是一户三开间门面的人家，金里千记得，四年前这里曾是张源丰酱园的门面，现今张源丰酱园已经公私合营到角直酱品厂去了，原本前店后坊的商铺关闭了，显得有些冷清。

张崇根是张源丰的长房长孙，他的先祖原籍徽州歙县，道光年间迁居角直，他的爷爷名叫张青来，字源丰，在此地开了一家酱园坊，取名为“源丰酱园”，专营酱油、酱菜、酒醋等生意。当时源丰酱园制作的酱菜中有一款萝卜干销量较大，俗称“鸭头颈萝卜干”。鸭头颈萝卜干味道好，价格低，深受方圆百里老百姓欢迎，生意越做越大，成了源丰酱园的拳头产品。

同治某年，张源丰腌制萝卜时偏遇阴雨连绵，加之管理上的疏忽，腌制的萝卜竟起了白色的霉花，看样子萝卜腌坏了，卖不出去了！张老板不舍得将这批萝卜全部丢弃，为了减少损失，他吩咐伙计将发霉的萝卜抬到河滩边洗涮干净，再放入原缸里用甜面酱封存起来，直到来年的春末夏初时起缸晒干，制作成酱萝卜干。这批萝卜干居然呈半透明的琥珀色，而且咸里带甜，酥软如枣，酱香馥郁，诱人食欲，上市后广受吃客的好评，生意更加兴隆起来。

镇上另有一家沈成号的酱园店看见张源丰的萝卜干生意红火，也聘请了安徽师傅过来仿制，当时人们也没有什么保护知识产权的意识，要想在市场竞争之中取胜，只能依仗自己的产品质量过硬才行。张沈两家经过多年的相互竞争，相互促进，优化配方，改进工艺，使角直萝卜干的质量越做越好，最终发展成为著名的江南品牌。

1956年，国家实施公私合营，张源丰、沈成号和鼎康三家经营酱油、酱菜、糕饼的作坊合并，成立了角直酱品厂，张崇根被任命为角直酱品厂的副厂长，负责酱品厂的生产管理。正当张崇根忙于扩大生产与质量管理，大展宏图之时，偏偏他的夫人沈尹芳生了一场怪病，虽曾到苏州、上海四处求医，但都不见好转。张崇根知道今天金里千休假在家，故而特地登门请他前来诊治。

沈尹芳看见丈夫领着金里千先生来到家中，知道是来为自己看病的，对金里千说："久仰金先生大名，今天您特地光临寒舍为我看病，不胜感谢！”金里千说：“我们两家本是世交，我与崇根更是情同手足，举手之劳，不足挂齿。”

张崇根招呼金里千在客厅里坐下，泡上一杯茶。金里千请张夫人坐在茶几对面的椅子上，先是给她诊了脉，又叫她张口看了下舌苔，说道：“夫人脉象细数，舌红苔薄，证属心肾阴虚，水火不交，可有心悸失眠？”张夫人说道：“金先生说得一点没错，你可记得我与崇根结婚那天强盗上门抢劫，我暴受惊吓，从此患上了‘失心症’，只要一有风吹草动，心悸失眠就会发作。”

金里千又说：“你的肌肤发烫，眼圈发青，是否还有烦热出汗、性躁易怒等症状？”张夫人说：“是啊。”

崇根接嘴说：“沈尹芳是1929年嫁入我家的，结婚的那天晚上突然遭到强盗抢劫，婚嫁财产抢去不算，她也因暴受惊恐从此患上了惊悸失眠的顽症，以后一有风吹草动就会时常会发作。近几年她失眠病复发时，曾在甪直联合诊所配了些安眠药片，服了非但不管用，而且变得特别容易出汗，潮热烦躁，坐立不安。我也曾陪同她到苏州、上海四处求医，一会儿说是抑郁症，一会儿说是高血压，配了好些药都不管用，失眠反而更加严重了，夜里老是梦见强盗抢劫、老虎吃人，日里茶饭不思、疑神疑鬼，不敢出门。”

金里千思索了一会儿，开了一个药方交给张崇根，但见上书：当归三钱、熟地二钱、生地二钱、黄连一钱、黄芩一钱、黄柏一钱、生黄芪五钱、麻黄根一钱、煅牡蛎一两、肉桂一钱、生甘草二钱，七帖。金里千说道：“今天我先开一方，你去配了给夫人煎服，等我下星期到甪直联合诊所来联系工作时再来复诊。”

张崇根看过药方，问道：“以前给夫人看病的医生的处方我也看得多了，基本上也摸到了一些门道，大概安神药常用枣仁、柏子、夜交藤之类，敛汗药常用诃子、稻根、碧桃干之类，解郁则用柴胡、合欢、广郁金等药，请教金先生为何你的药方里这些药没有派上用场啊？”

金里千笑着答道：“崇根兄这个问题问得好！中医治病讲究的是辨证论治，而不是对症下药。尊夫人三十多年前遭到强盗抢劫而暴受惊恐，惊伤心，恐伤肾，神志失养，故而经常失眠。两年前绝经以后体质更虚，中医所谓七七天癸竭，冲任二脉俱衰，肾阴更虚，以致肾水不能上承于心，心火不能下交肾，虚阳上亢故烦热失眠，阳不恋阴则容易出汗。我今天是以当归六黄汤滋阴清心为主方，加肉桂佐黄连即交泰丸之意，以交通心肾以治烦热失眠，加牡蛎、麻黄根与黄芪则成牡蛎散，以固表摄津以止惊悸自汗。”

一星期后，沈尹芳症情大减，由张崇根陪同前来甪直联合诊所请金里千复诊。镇上人知道金里千回来为家乡人义诊，前来求治的病人太多，上午号已挂满，金里千给挂号处打好招呼加了个号，十二点钟才轮到沈尹芳就诊。金里千见沈尹芳病情好转，就在原方的基础上稍事加减续方七帖。

那一天就诊的病人多达一百二十多号，金里千一直忙到晚上九点钟才结束。第二天早上，他来到安桥头的苏州轮船码头上候船时因劳累过度晕倒了，被人送回家，他在家里休息了一会儿就恢复了。他自认为是发“肝阳”的老毛病，没什么大碍，吃过中饭又乘轮船到苏州去上班了。

第三十六回　产后病温　托化存阴

1963年8月初，浒关吴县人民医院妇产科李玉英医生来到中医科请金里千会诊。说是有一个产后尿潴留的新产妇，名叫李海英，21岁，是江南丝厂的女工，头胎难产，后经剖宫产下一个男婴，产后排尿困难，须用导尿管引流，曾经尝试拔除导尿管三次，小便都不能自主排泄，医生曾经用过按摩、热敷与抗生素等法，无效。李医生希望金老先生能够应用中医中药协助治疗。

金里千随同李医生来到产科病区，但见李海英精神面貌尚可，舌苔薄白，脉象细涩，认为可以试用朱丹溪的通关散取嚏法进行治疗。于是，金里千请中药房将细辛、皂角研磨成极细的粉末，待病人拔除导尿管三小时膀胱有充盈感时，先叫李海英口含清水，再取少许药粉吹入李海英鼻中，李海英随即觉得鼻痒，忍不住连打了几个喷嚏，当即小便居然就自行下泄，畅通无阻了。

李医生在一旁看着不由得啧啧称奇，说道："真想不到金老师你会采用这样一个声东击西的治疗方法，轻松解决了我们临床经常会遇到的产后尿潴留的难题！"金里千说："这个治疗方法中医称之为'提壶揭盖'法。这种治法是金元医家朱丹溪先生首先提出来的，他说：'吾以吐法通小便，譬如滴水之器，上窍闭，则下窍无以自通，必上窍通，而下窍之水出焉。'后来我师祖李士材则是用紫菀治疗癃闭，而我今天用取嚏法治癃闭，方药虽然不同，治疗机理相同，都是开上窍通下窍的'提壶揭盖'法，所以都能取得不可思议的疗效。我将剩下的药粉留下来放在你们科室里，说不定以后再遇到类似的病例时可以派上用场。"

半年之后，李医生又来中医科请金老先生会诊，系因病人周祥娣，28岁，于1963年10月3日顺产一男孩，产后先是食欲差，全身浮肿，小便短赤，第四天开始有寒战发热，体温38—40℃，汗出不解，下腹部持续性疼痛并逐渐加剧，恶露中等，伴有腥臭的血块及黏腻物。曾在当地卫生院诊断为产后胎膜残留，产褥期感染。肌肉注射青霉素、链霉素十天，并服中药数剂，恶露虽净，仍有带下，半月多来发热不退，食欲不振，于10月24日转来浒关吴县人民医院门诊求治。经入院前体检，诊断为"急性子宫内膜炎"，收治入院。住院后，因家属对产褥期补液有思想顾虑，只同意肌注青霉素和链霉素，并要求请中医科会诊。

10月25日，金里千来到病区，细阅病史。病经三旬，初起因产后寒战发热，小腹疼痛，曾用中药调治，前医认为

"有一分恶寒，即有一分表证"，治用辛温表散之剂而畏寒汗出反甚。复诊又以腹痛、大便秘结，认为食滞，拘于"六腑以通为用""客邪贵乎早逐，邪不去则病不愈"之说，治以消导攻逐，寒热非但不退，反致头痛昏晕。病人体温达39.4℃，身热不扬，汗出如蒸而尚呼寒冷，知饥少纳，渴不多饮，大便三日未解，小溲赤涩，舌苔厚腻灰黄而扪之干涩无津，舌缩质硬底绛，脉象细软无神。

金里千认为此病属于产后伏暑失治之证，又经前医失治，以致化燥伤阴之证。因周氏产后本身已经失血致虚，而感染温病之后又经前医误用汗法伤津，后医又以下法劫液，以致于血燥津伤，元气大伤。王孟英所谓："留得一分津液，便有一分生机。"治疗必须采用存阴托化的方药才能转危为安。治当主用加减复脉汤滋阴养血，生津润燥，佐以清火泄热之品，药用西洋参、北沙参、麦冬、当归身、白芍、白薇、丹皮、火麻仁、鲜生地、辰通草、阿胶珠、炙甘草、生姜、红枣，一帖。

金里千10月26日复诊时发现，病人体温39.1℃，精神较振，胃气不和，时有泛恶，大便虽畅色黑，舌体稍润，舌苔干腻转松，于是再在前方的基础上配伍扶正和胃之品。方用太子参、生地、麦冬、当归身、白芍、白薇、丹皮、龟板胶、山药、茯苓、炙甘草、生姜、大枣，一剂。

金里千第三天复诊时发现，病人体温降至38.5℃，药后屡下宿垢，腹痛缓解，脉来濡软，舌边舌尖转润，舌苔白腻中灰。所幸胃气已苏，即于前方去姜、枣，加石斛、扁豆花、制半夏、料豆衣，续服一剂，并嘱注意节食静养，才能恢复健康。

此后金里千每隔二天复诊一次，均以存阴托化的方药为主，渐次参入益气和胃之品，病人的体温呈阶梯式下降，第九诊时降至36.4℃，脉细软，舌质淡红，苔薄白。病人食欲转旺，二便自如，基本痊愈出院。

第三十七回　办班授徒　培育杏林

1961年,中共北京市委书记处书记邓拓在全国政协会议提案,建议多种途径培养中医人才,恢复中医带徒。此后全国各地包括吴县卫生局遵照“自费学徒、自找老师、自谋生路”的“三自政策”,准许各乡镇医院的老中医收带徒弟。金里千的儿子金庆雷正好初中毕业,有志于承父业学习中医,经卫生局批准为中医学徒,在浒关吴县人民医院跟随金里千学医。吴县其他乡镇联合诊所的中医也先后招收了学徒50余人。

1963年秋,吴县卫生局为了加强对各地中医带徒的理论学习与管理,计划开办一个中医讲习班,具体事项交由医学会副主任金里千和秘书赵逸帆筹备。金里千和赵逸帆认为首先要确定授课场所,当时正好吴县卫生局刚搬到县政府北边的东大街60号驸马府堂,金里千就借用其大厅作为教室;至于教材则采用南京中医学院等五院审订的中医基础、经典理论,以及内、外、妇、儿临床各科讲义等的17种教材;同时真诚地聘请到县内各位知名的老中医来担任授课老师。

学习的形式采取分散带徒、集中上课的方法：学员平时分散在本地的医院跟老师实习，上课则每月集中一次，学习4天，每天6课时。教材自备，授课免费，住宿安排在吴县招待所和带城桥滚绣坊卫生协会内。

当时全县中医跟师学徒的人员及当地医护人员中有志学习中医的青年50多人纷纷踊跃报名，进行政审和考试后，最终择优录取了唐希平、金庆雷、姚玉坤、王允良、吴仁康、叶英芬、张丽菊、朱景春、杜继兴、惠康炯、范荣刚、谢松梅、舒伯华、潘岂镛、朱文彬、张苏苏、汤薇丹、朱雷、黎德熙、薛水良、罗良煜、张南生、张祥官、盛杏珍、张世昌、陆世浩、朱佳仁、顾维琛、张礼民、顾维明、金泰依、吴同寅、沈永生、朱宣英、陆凤珠、张景华、承伯南、周兴生，共38人。

1963年10月29日，吴县中医讲习班开学典礼在东大街60号驸马府堂大厅举行，首先由赵逸帆宣布讲习班由葛怀德任局长兼主任，金里千为副主任，秘书由赵逸帆兼任，并一一介绍了各位任课老师及授课内容，由金里千任经典理论及金匮与温病课，顾允士任内科与中药课，李澍人任医史课，钱文才任伤寒论课，赵逸帆任医古文课，姚一航任针灸课，孙静庵任内经课，等等。讲习班还非常重视书法，认为字的好坏直接关系到个人修养，专门设置了书法课程，请李澍人、顾允士给予指导。

接着由金里千上台发表开学致辞：

“各位领导、老师们、同学们：今天是吴县中医讲习班开学典礼，我能在这里讲几句话，心里感到很高兴，很荣幸。

“我们中医是医务工作者的一部分，我们的职责是为人民健康服务。人民有了健康的体格，才能很好地进行生产劳动，享受生活的幸福，才能对祖国的建设发挥更大的作用。所以我们的职责是重大的，任务是光荣的。我们青年应当热爱这门工作，树立事业感，踏踏实实地下些功夫，学好本领，以便更好地为人民服务。

“我们的科学事业，需要年轻一代继承下去。具体来说，每一个行业都需要有优秀的接班人，中医事业也是如此。中医是祖国历来流传下来的宝贵遗产，是经过前人无数次实践不断丰富起来而发展到现在这样的水平的。

“中医是一门自然科学，而且这门学科很特殊，很深奥。要学好这门技术，不是一件很容易的事情，必须掌握一定的基础理论，练就一定的基本功，同时还要学习一些西医常识及科学知识。所谓‘吸取科学知识，革新医疗技术’，才能使之不断进步，发扬光大。

“近几十年来，随着西医的东进与扩张，中医的科学性受到质疑，地位受到歧视，甚至有人提出要取缔中医，消灭中医，幸而有全国中医不屈不挠据理抗争，才使我中华国粹得以保护和发展。新中国成立初也曾经有些人有忽视中医的错误，后来经过中央领导指出纠正，贯彻了中医政策，中医被重视了。

“我们这一代人历经劫难，总算把前人的医学遗产继承下来了。但是由于历史的原因，从目前中医队伍的状况看，中年中医可能少了些，青年中医衔接不上，祖国医学丰富遗产的继承工作未能跟上。现在上级领导非常重视中医接班人的工作，在我县开办这一期中医讲习班，组织青年集中上课，聘请老中医来传授本领，我认为是非常及时的，并为此感到高兴。我本人也相信其他老中医都愿意担任这一项教研任务，把自己所有的知识和技能毫无保留地传授给下一代。

“但是要想学好中医，也不是一件很简单容易的事，同学们必须要有刻苦钻研的劲头，虚心学习的精神，掌握循序渐进逐步提高的规律，做到‘熟读、博览、精思、勤练’，理论联系实际，才能学有所成。古人云：‘天下无难事，有志者成之；天下无易事，有恒者成之。’希望同学们在老师们的教导下，在自身的努力下，学好本领，和我们一起为人民的健康服务，为祖国的建设服务。”

这批学员都很珍惜这次求学的机会，学习非常认真，从不轻易缺课。可惜这批学员当时并没有取得中医资格，而是于1965年与1966年分两批通过卫训班形式分配工作。由于受到大环境的影响，也有学员改做西医或中西医结合的。“文革”后落实政策，高中毕业的学徒定为大专同等学历，初中毕业的定为中专同等学历。由于历史的原因，他们虽然在工作中经历了一段弯路，但是通过讲习班的学习，他们的学习和工作能力得到了培养，他们中有很多人后来都成长为当地医院的业务骨干乃至正副院长。

第三十八回　疑难重症　出奇取胜

1964年6月，金里千调到吴县公费医疗门诊部工作，县政府安排他居住在新桥巷的吴县新村六排三号，他将当时的夫人沈瑛接过来照顾他的生活。吴县公费医疗门诊部负责吴县政府与市镇干部及事业单位人员的医疗保健服务，金里千不习惯这种清冷的工作环境，心里老惦记着家乡的农民和市镇的病人，他向县卫生局提出门诊部能否向社会开放，在保证公费对象的诊疗服务的同时能对当地的居民群众和周边的工人农民开放门诊业务。卫生局经研究后同意了金里千的请求。这样一来，吴县城乡包括附近市区的病人纷纷前来门诊部找金里千看病。

1964年11月9日，金里千一早来到门诊部，但见诊室门口停着一辆板车，上面躺着一个病人，看样子病得不轻。原来这个病人名叫叶水泉，61岁，是外跨塘虹桥大队的农民，一年前初起发热咳嗽，没有重视，在医疗站配服了一些感冒药。半月后出现胸闷乏力的现象，曾去苏医附一院和上海华山医院求治过，被诊断为“心肌炎”，嘱住院治疗。因经济困难，只能配了药在家里调养，但是非但不见起色，反而越来越重，以致卧床不起。当时县里的社教工作组同志正在虹桥大队蹲点，特介绍他们前来金里千医师处就诊。

金里千叫病家把板车推进诊室，直接就在车边诊起脉来，只觉得病人的脉搏快慢不齐，细弱而迟缓，一息不及四至，而且病人面唇紫暗，气短依息，虽穿厚棉衣而尚瑟瑟畏寒。金里千开了一张药方，交给陪送的家属说："叶水泉的病是由于阳气虚弱，阴血不足，以致心脉失养，出现心动悸、脉结代等严重病症，此病若用张仲景的炙甘草汤或许可治，不过煎煮的方法比较讲究。药方配好后，须先将其中的炙甘草、生晒参、制附子、桂枝、麦冬、火麻仁、生姜、大枣浸透，加水先煎煮一个小时，去渣后再在药汤里将阿胶打碎撒下溶化，再兑入半斤冬酿酒后煎一个小时，煎好后分两次温服。"

病家回去后如法炮制，叶水泉服了一帖即见好转。一星期后前来复诊，症情大减，继续以前方为主调治而愈。

吴县政府有一个后勤工，名叫周长富，65岁，1965年夏，因频发胃痛、嗳气打嗝、泛吐酸水，到苏医附一院去诊治，当时诊断为"胃溃疡"，当即收住入院，进行手术治疗。手术中发现已成食道癌且已扩散，不适于手术治疗，当即缝合后予以姑息治疗，待症状稍缓解后便出院了。周长富回家以后噎嗝发得尤加频繁，开头还能进食米粥，后来连喝粥汤也会打嗝泛吐了。

周长富知道自己的毛病已经十分危险，找西医治疗已经走投无路，毫无希望，找经验丰富的中医治疗或许还有一线希望。有一天单位的领导过来探望他，告诉他："县政府公费医疗门诊部调来的一个老中医很有本事，新中国成立前就以一帖药治伤寒而出名，人称'金一帖'。我们好多机关干部生了病都请他看过，效果都很好。听说陶县长的癫痫病服了金里千配制的橄榄膏以后，就没有发作过。你们不妨请他过来看看。"

周长富住的地方就在东大街上，金里千每日上下班时必然要经过他家的。有一天下午，周长富的妻子和儿子就站在家门口等候着，看见金里千下班走过来，就上前央求金里千上门给周长富看病。金里千即随他们来到家里，详细看了病史资料，又诊察了病人的苔脉症候，觉得他的病情恶化，已不能进食，骨瘦如柴，奄奄一息，实属无法治疗。后在病人家属的再三要求下，思索良久，决定用民间单方调治。

金里千的单方是用蜈蚣三钱、守宫干四十条，二味研成极细末，分成十包。每日一包，用煮熟的鸡蛋黄半个研和，再分成几份，令其缓缓咽下，尽量少饮开水。

金里千解释道："蜈蚣和壁虎这两味中药不但都是民间治癌的经验用药，而且都有解痉散结的功效，用以弛缓膈肌和食道的痉挛以缓解噎嗝。至于虫类药磨粉服用则吸收好，而且作用快；而用蛋黄粉研和后干咽，更是为了使药粉能够涂敷在食道壁的黏膜上，起到局部治疗的作用。”并向病家申明：“成败在此一举，若治不好勿怪我，治好了勿谢我……”

周长富在服药前只能勉强稍稍吞饮薄粥汤，服药三天后，可以稍进调成糊状的面粉，再过几天可以进粥，又过几天可以吃馄饨皮子，嗣后饮食渐转正常，体力日渐恢复，可送孙女到新桥巷江苏省新苏师范附属小学（今江苏省新苏师范学校附属小学）读书，再后可缓步到观前街去购物。上药持续服用了半年之久，并无不良反应。从此以后，身体基本康复，正常上班。

第三十九回　乙脑痉厥　蚯蚓贴囟

1969年6月，金里千来到斜塘医院工作。斜塘也是吴县东片的一个乡镇，位于苏州与角直之间，东与角直、胜浦接壤，南与车坊相连，西濒金鸡湖、独墅湖，与娄葑相接，北与外跨塘、唯亭毗邻。斜塘与角直一样，经济主业以农业为主。

斜塘医院是县政府为响应毛主席“把医疗卫生工作的重点放到农村去”的“六二六”指示，在斜塘镇新建的一所地区中心医院，承担着斜塘、胜浦、车坊、角直、外跨塘、唯亭这一片区的医疗保健工作。当时除了金里千以外，还有很多苏州地区的医学专家到斜塘医院去工作。此外，上海医药工业研究院也派出一支小分队来到斜塘医院开展科研活动。

金里千来到斜塘医院不久，即与上海医药工业研究院小分队的工作人员一起开展了赤脚医生的培训和中草药的科研活动，当时提倡一把草一根针的简易疗法，为此他们一起为斜塘周边地区的赤脚医生培训中草药医疗知识，不但在医院的荒地里栽种了150多种草药标本，还在各个合作医疗站都开辟百草园，推广中草药治疗常见病的科普知识。他们还曾用新鲜紫花地丁榨取的汁液与青霉素的药液对细菌培养基的药效进行对照比较，结果发现紫花地丁鲜汁比青霉素药液的抑菌效价更高。

当时苏州地区出现乙脑散发性流行。乙脑是由乙脑病毒引起的一种侵害中枢神经系统的急性传染病，学名为流行性乙型脑炎。本病起病急，有高热、头痛、呕吐、嗜睡等表现，重症患者有昏迷、抽搐、狂躁、吞咽困难等症状，甚至可能因呼吸衰竭、循环衰竭而死亡。部分病人会有肢体活动障碍、智力减退、语言障碍等后遗症。

角直沈海根医生的亲戚家中有一个3岁小孩感染上了乙型脑炎，病势十分凶险，高热40℃以上，神识昏糊，惊搐频作。沈医生虽年轻，但是学业颇精，深知乙脑乃是病毒感染所致，没有特效的西药可治，只能对症处理而已。几天来，他用过输液、退热剂、激素、酒精擦浴等药物降温及物理降温办法，热势不降；也用过镇静剂和脱水剂，抽搐反甚。沈医生知道如果病情不能控制，恐怕小孩的生命难保，即使幸存下来，也难免会留下后遗症，于是便带着孩子来到斜塘医院，请教金老先生是否能用中医中药来救治这个病人。

金里千说：“乙脑属于中医的暑瘟病，是感受暑热病邪所致的急性外感热病。暑为阳邪，其性上炎，容易化火生风，故致病易发高热、狂躁、惊厥、抽筋等症。我这里按照常规的治法开了两帖羚角钩藤汤以平肝熄风、清热止痉。另外我还有一个蚯蚓贴囟的单方，具有良好的退热护脑的效果。前年乙脑流行，甪直水沟头潘东林的儿子与殷家场穆花的女儿先后感染了乙脑，高热惊厥，都是用这个单方给治好的，而且没有后遗症。”

接着金里千关照病家回去以后到韭菜地里去挖掘几十条白颈蚯蚓，不去肠杂，先用水冲洗干净，再放到研钵内加入适量白糖一起研捣如糊状备用。然后将患儿头顶上的头发剃掉，用适量的蚯蚓糖糊敷于患儿的囟门之上，外面再用纱布覆盖包扎固定，待纱布变干则更换，如法敷上。

病家回去以后一方面去药店配药给孩子煎服，同时又按照金里千蚯蚓贴囟的单方，如法照办，干则换敷之。如此反复一昼夜，体温渐降，神识渐清，抽搐渐止而转危为安。

上海医药工业研究院小分队的肖队长听说金里千应用鲜地龙贴囟治疗乙脑的效果明显，很感兴趣，与金里千商量开展临床科研协作。后于1970年应用鲜地龙贴囟疗法治疗乙脑二29例，无一例死亡，且无后遗症发生，与西药治疗相比较，本法具有非常明显的优势。

科研小组在探讨鲜地龙贴囟疗法治疗乙脑疗效时，总结能够取得良好效果的原因有以下3个方面：

1.药理基础：蚯蚓含有的蚯蚓解热碱、蚯蚓素、蚯蚓毒素等可能是其取效的化学成分。

2.配方剂型：在蚯蚓的用法上以新鲜捣烂用为佳，而高温容易破坏其有效成分。另外，《本草纲目》主张忌盐，而本方用糖捣和，可能更有利于药物的渗透与吸收。

3.因势利导：现代药理证明，蚯蚓具有抗惊厥与镇静作用，其作用部位主要是在中枢神经部位，而婴幼儿囟门闭合尚不完全，所以用蚯蚓糖糊敷贴患儿囟门的外治法比较容易渗入大脑中枢部位而发挥作用，比用蚯蚓煎汤内服的疗法效果更好。

第四十回　至亲之想　卧床看病

金里千来到斜塘医院时，已是七十多岁了，又经历了“文革”，身体大不如前，曾发作过多次小中风。用直、胜浦、唯亭等周边的群众知道他调到斜塘医院后，都赶到斜塘医院来找金里千看病，医院领导为了照顾他，每天限制挂二十个号。那时斜塘还没有通公路，交通工具主要靠船。外地的病人为了能够得到诊治，往往天不亮便摇船赶路，三四点钟便在挂号室门口排队等挂号了。

斜塘渔业大队有一个妇女名叫张小春，年五十六岁。五十岁停经，三年后又复潮，呈不规则出血，少则点滴如漏，淋沥不畅；多则势猛如崩，色紫有块。带下赤白，气味臭秽。曾经在苏州医学院附属第一医院诊查过，确诊为子宫癌。于1969年7月21日转来斜塘医院，请金里千先生诊治。

金里千经过询问病史，望闻问切诊查以后，告诉病家：病属癌症，治之非易。先予孙思邈《千金要方》白马散软坚散结，固经涩带，配合严用和《济生方》中的归脾汤益气固摄，再根据服药后的疗效调整治疗方药。处方用党参三钱、白术三钱、白芍三钱、炙黄芪五钱、当归二钱、炙远志二钱、川断三钱、乌贼骨三钱、茯苓三钱、炙甘草七分、龟板五钱、鳖甲五钱、牡蛎一两、血余炭三钱，十帖。因原方之白马毛觅不到，故用血余炭代替。

8月10日，张小春前来复诊，但见中医科金老先生座位上空空的，于是询问隔壁的小程医师："请问金老先生今天看病吗？"小程告诉张小春说："金老师这几天病倒了，但是他关照说凡是挂他号的病人可以到他家里去看病，你如果病重可以去试试，病轻的话就叫其他医生看吧。"张小春说："我是癌症病人，吃了金老先生的药刚有些好转，别人看我有些不放心啊！"小程说："那你往东穿过这一片场地，再往南走到第二排平房的第一间就是金老师家了。"

张小春走进金里千先生的居所，客堂里坐着两个农村打扮的人，手里拿着病历本，里间的卧室里传来了金医生沙哑的问诊声，显然是金先生在里屋给人看病，外屋则是候诊的病人，于是张小春也跟他们一样在客堂里静静地坐等。

轮到张小春进屋看病已经快十一点了，但见金老先生躺在床上，上身斜靠在床背上，招手示意张小春在床边的方凳上坐下来，一边给她号脉，一边询问服药后的病情变化。张小春告诉金先生说："服了你前两次开的二十帖药后漏红已止，白带也很少了。家里人都说我现在的气色好多了，要我好好向你道谢呢。”

金里千将病历本的处方单放在一个夹板上，用钢笔写好病历和处方，对张小春说：“今天帮你再开十四帖中药，你这个毛病还需服药一段时间才能脱根。另外我还教你一个单方，你要回去照办。目前已是秋令，鲜菱开始上市，你要每天将三十只四角的鲜菱洗净，连壳切开后加水煮成紫赭色，以饮菱角汤为主，菱肉可适量食之。另外再收集些菱壳洗净晒干，炒脆后磨成粉末，待鲜菱落市后开始服用。一日二次，每次二钱，空腹时服用。”

正在金里千关照张小春菱角服用方法之时，夫人沈瑛领着两人进来，一个呼唤父亲，另一个呼唤阿爹（吴语称祖父为“阿爹”）。原来是金里千的第五个儿子庆申带着女儿晓鸣从上海前来探亲来了，当晓鸣看到病卧在床的祖父居然斜躺在床上为坐在凳上的病人号脉看病的场景时，被深深地冲击着，心里不由得升起一股说不清是震惊还是心疼之情……

沈瑛将金里千扶到客厅的餐桌前坐好，一边招呼庆申和晓鸣坐下来一起吃饭，一边给庆申说道：“你父亲经常说对待病人要‘皆如至亲之想’，农民全靠体力挣钱，生了病就没了收入，而且往往还需要二三人误工往返摇船陪送，不能放病人的‘鸽子’，让他们白来一趟。只要撑得住，就要尽力把那些排队挂号的病号看完。他自己身体不好上不了门诊时，就关照科室同事让病人到家里来看病。今天他高血压病发，头晕起不了床，但是他不忍心叫求诊的病人白来一趟，坚持要躺在床上把病人看完。”

在斜塘，金里千的人缘特别好，他上街时行人与店家都会亲热地跟他打招呼，或者叫他坐一会儿，聊聊天喝喝茶。每当镇上有文艺演出，镇委傅书记总会派人给金里千夫妇送来前排的戏票，并且专程摆好两只藤交椅，让金里千和夫人坐得舒服，看得清楚。

第四十一回　婴儿黄疸　药饲母亲

1975年秋，时年七十六岁的金里千从斜塘医院退休，回到了角直老家。因老家的楼房原系七世公金默堂为庆祝母亲七十大寿而建，房龄已达二百多年了，不但年久失修，破旧不堪，而且部分梁柱亦已蛀毁倾斜，有濒临倒塌的危险。经申请后，由政府相关部门鉴定为危房，批准在原址拆建新屋。后金家请亲友王永元建筑师设计，将老宅拆除后在原址上翻造，主屋三楼三底，四周再用围墙隔成一个院子，院子的西侧盖上两个边厢，东边堆砌了一个花药台，种上了葡萄和花卉。

生活安顿下来以后，金里千感到非常的满足。他将新建的西厢房，看作是他晚年的“春常在室”。虽然他早已年逾古稀，但是他还是坚持每天上午在家里为慕名而来的病人义诊。每当早晨的阳光从东方透过葡萄架照亮他的脉台时，他已经在为病人诊疾了。他不收诊金，不收财礼，性格开朗，善解人意，喜欢说笑话，常常会用一些风趣诙谐的话语，使得病人忧心而来，失笑而归。

九子庆江有两位高中的同学，男的叫戴雪耿，女的名朱蕾，毕业后相恋成婚，后朱蕾于1976年1月17日生了个儿子，取名戴小华。当时戴雪耿在南港供销社工作，朱蕾在望亭中学当民办教师。为了照顾夫妻生活与抚养小儿，朱蕾得到母校领导的帮助，在1976年寒假中调到吴县角直中学（今角直高级中学）当民办教师。这样的生活，在当时可算是比较美满的了。

可就在儿子小华长到三个月时，厄运降临到他们的头上。他们先是发现儿子小便发黄，接着皮肤和眼睛都发黄了，于是急忙抱着儿子到角直医院（今苏州市吴中区角直镇人民医院）就诊，初步诊断是新生儿黄疸。因检查肝功能明显异常，建议转到苏州市第五人民医院去进一步诊治。于是他们马上赶往苏州市第五人民医院，经过门诊抽血化验，结果是谷丙转氨酶、碱性磷酸酶显著升高，当即收住入院。因孩子太小，朱蕾只好请了假陪住在医院里协助治疗。小华住院一月有余，黄疸持续不退，因转氨酶持续增高不降，诊治医生疑诊为“婴儿肝癌”，并建议肝穿刺活检，以便确诊。夫妻俩商议：“倘若是肝癌，再经穿刺，岂不是更加重毛病？”

朱蕾夫妇被吓得不轻，每天都在伤心落泪，经过一个月的住院治疗，小华的病情不仅毫无起色，反而加重了。

正当朱蕾夫妇痛苦绝望之时，听说老同学的父亲金里千老中医已经退休回到老家角直，但退而不休，仍然在家开展义诊服务。于是，朱蕾夫妇在四月初决然签办了自愿出院手续，径直往金里千家中而来。二人踏进院子，但见那里已有几个病人坐在石条凳上候诊，金里千正在诊室里给病人伏案开方。金夫人看到朱蕾夫妇抱着小儿进来，忙将他们迎进客堂里坐下，听说是阿江的同学，小儿毛病又非常危重，马上过去与先生和病家都打了招呼，让他们提前诊治。

金里千详细地询问了小华发病和治疗的情况，又经过仔细的辨脉察舌体征检查，然后胸有成竹地对朱蕾说："据我看你儿子小华的毛病不碍的，不是肝癌，还是属于炎症。"两个月来，朱蕾第一次听到说毛病不碍的暖心话，不由得热泪盈眶，连忙说："金阿爹，一切都拜托您了……"金里千接着说："我有一个妙方，让你儿子不吃药也不打针就能把黄疸退掉，你信不信？"朱蕾疑惑道："不吃药也不打针就能治好儿子的毛病？要么金阿爹要帮儿子推拿点穴？"金里千笑着说："推拿点穴不是我的专长，其实我的治法很简单，就是让你每天吃药，然后再通过你喂的乳汁来治疗你家小华的毛病。"

接着他从书橱里拿出一本《常用中草药手册》来，翻到《金钱草》的页面，指着里面的插图说："这种草药名叫金钱草，本地农村的墙头沟边多的是。你们先把书上的草药图形记住了，然后再到农村的路旁或沟边去找，也可以请教当地的识药老农帮助辨认。找到金钱草后，每天采摘一把新鲜的药草带回家中，也不用煎煮，只需将药草洗净后放在研钵里研烂，然后将药汁泌出来，给朱蕾饮服，再由朱蕾给孩子喂奶，通过母乳中的所含的药性来治疗儿子的毛病。朱蕾也可以将奶汁挤到奶瓶里，再在其中加入少许草药汁调和后给小华吮服。”

朱蕾回去后一一照办，小华的黄疸果然日见消退，肝功能指标全都恢复正常。一个月之后，朱蕾高兴地抱着儿子前来面谢金阿爹，小华已经变成了一个白白胖胖的小娇娃了。

第四十二回　叶老访甪　无限乡情

1977年5月16日上午，年届83岁的叶圣陶老先生偕同他的长媳夏满子、次子叶至诚、长孙媳姚兀真及叶至诚的学生薛明一行5人在吴县文教局李局长、吴县文化馆的罗世杰和曹建华的陪同下，在苏州南门人民桥桥堍登上了从苏州开往甪直的轮船。

叶老斜着身子在默默地注视着船窗外，那是一条他多年前常走的水路，心里不由得激起了阵阵波澜。叶圣陶1894年出生于苏州，与王伯祥、吴宾若、顾颉刚都是苏州公立第一学堂的同学。1917年3月，叶圣陶接到在甪直"五高"任校长的吴宾若及在"五高"执教的王伯祥联名邀请，欣然来到甪直任教。

叶圣陶初到甪直时没带家眷，他和吴宾若、王伯祥、孙建平及董志尧5人同住在男子部楼南面的小屋里。1919年7月，叶圣陶把家从苏州搬到甪直，租住于甪直镇东市下塘街陈氏私宅怀宁堂走马楼，夫人胡墨林也在"五高"担任了女子部的任课老师。叶圣陶和夫人"晨到校晚返寓"，从此一家人过上了极富水乡情调的乡村生活，成了地地道道的角直人。1921年秋后，叶圣陶先后应邀到上海吴淞中国公学、杭州浙江省立第一师范学校（今杭州师范大学）和北京大学中文系执教，但家仍在角直，直到1922年秋才把家迁回苏州。

叶圣陶在角直生活了5年半时间，他和一些进步青年教师一起打破封建教育制度，对教材、课程、教法等方面进行了大胆的改革和实践。在教学之余，叶圣陶还创作了30篇小说、23篇童话、13篇散文、19篇诗歌、4篇戏剧，以及多篇文艺理论等，同角直人民结下了特殊的深情厚谊。因此，他曾亲切地说："我真正的教书生涯是从角直开始的。""角直是我的第二个故乡。"

船到角直，已近中午。以朱大林为首的公社党政领导，带领着一群白发苍苍的老人，有许倬、殷之盘、宋志诚、皇甫仲墀等，都是叶圣陶当年教过的学生，早已在码头上迎接。时隔50多年，叶圣陶竟然还能喊出其中几个学生的名字。大家热情地簇拥叶老先生浩浩荡荡地一起向保圣寺走去。

镇上的人得知叶圣陶要来角直，早已挤在街上和桥头夹道观望。叶圣陶只觉得有一种重返故乡的亲切感，他在人堆里搜索着，向陪同人员问道："殷季达、金里千还健在否？"朱大林告诉他说："殷季达已于1962年过世了，金里千尚健在，他退休以后回到角直还在家里为病人义诊呢。"

叶圣陶说："他们都是我的好朋友，能不能请金里千过来聚聚？"朱大林说："好的，我即刻派人去请他过来。"

原来金里千、殷季达与顾颉刚都有姻亲关系，而叶圣陶与顾颉刚既是同学，又是至交。顾颉刚的第二任夫人殷履安曾是叶圣陶的六年级学生，又是金里千和殷季达的亲戚。1919年顾颉刚在北大读哲学系后留校，是新潮社的社员，曾写信到甪直邀请叶圣陶参加新潮社并约稿。叶圣陶寄去了《这也是一个人》的小说，该小说被刊登在《新潮》第1卷第3期上，极大地鼓励了叶圣陶的写作热情。金里千的堂弟金家凤也在北大，读历史系，他们每次回到甪直，大家常会聚在一起讨论时局要闻或交流教学动态。

叶圣陶喜欢饮酒，是保圣寺山门外的添号财源饭店的常客。老板娘烧得一手江南名菜，而且索价不贵，甚为叶圣陶赞赏。金里千治好了老板娘的癫痫病后，那里更成了大家经常聚会的场所。此外，叶圣陶还喜欢听评弹，殷家经常会邀请苏州说书先生来镇上弹唱，也是叶圣陶经常流连驻足之所在。因此，叶圣陶早年在甪直期间和金里千、殷季达都是经常交往的好朋友。

朱大林派人来接金里千时，金里千正要端起饭碗吃饭，听到叶圣陶来甪，匆忙之间也顾不上换衣服，直接来到了保圣寺。叶圣陶见到了别离了五十五年的故友分外高兴，当即就要在保圣寺大殿门前与金里千合影留念，临时又叫来许倬、殷之盘两位老学生过来一起拍了一个合影照。

从保圣寺出来，穿过侧门便是叶圣陶当年执教的“五高”校舍区。“五高”当年有男子部和女子部两栋楼，还有四面厅、鸳鸯厅等办公用房。男子部之楼已毁于抗战期间；女子部之楼尚在，那里曾经是叶夫人胡默林执教过的地方，叶老先生由年轻人陪同上楼看过后，继续前往清风亭、斗鸭池、陆龟蒙墓等景点，叶老还亲自做了讲解。

接着，叶老指着前边的一片平坦的土地说：“那里便是当年我们办的生生农场，阿记得原来的模样了？”老学生许倬说：“记得，记得。这里原来是大瓦砾堆，野草丛生的荒墩……”殷之盘接着说：“北边还有两个一人多深的大坑呢。”金里千补充说：“生生农场就是叶圣陶当年教育改革的试验田，取名‘生生农场’的寓意是先生和学生共同努力，生生不息，故名生生农场。但是有些家长认为花钱送孩子上学，就是来学文化学本事的，不是来学种田的。还有人说学校是在利用学生做奴工，种出的粮食好供老师享用。我们都认为学校办农场是件好事，既培养了学生的农耕能力，又美化了校园环境，大家应该支持。更主张镇里多划一些地给农场，农场的收益可以用于减免学生的学费，这样便可以让更多的贫苦孩子都上得起学，读得起书。”

大家正在热烈讨论时，公社派人来请客人到宾馆去吃饭。饭后叶老原有计划要去重访五十五年前曾经居住过的陈氏怀宁堂走马楼，再走一趟当年从怀宁堂经眠牛泾浜到“五高”“晨到校晚返寓”的路程。后因听说怀宁堂已被吴县角直中学用作学生宿舍，又因时间匆促而作罢。夏满子和姚兀真两人抽空到街上去转了一趟，买回了好多角直萝卜干，准备去上海时与亲友分享。

叶圣陶等人在宾馆喝了一会儿茶后，在公社的党政干部、老学生及当地百姓的热情欢送声中回到轮船码头。叶圣陶站在船头上，只听见岸边的群众不停地呼喊着“再见！”“再来！”。叶圣陶饱含热泪，频频向乡亲点头、鞠躬，再点头、再鞠躬……被角直水乡人民的诚挚感情深深地感动着。

叶圣陶回京以后写了一首《重到角直》的诗：“五十五年复此程，淞波卅六一轮轻。应真古塑重经眼，同学诸生尚记名。斗鸭池看残迹在，眠牛泾忆并肩行。再来再来沸盈耳，无限殷勤送别情。”充分表达了他重返阔别了五十五年的第二故乡角直时的无限乡情。

第四十三回　劝改志愿　后继有人

1977年冬，金里千的儿子金庆江回到甪直老家，向父母报告了一件要事，说今年恢复高考，他的初试成绩过关，准备复试并填报志愿。

金里千有十六个儿女，金庆江排行十四。1966年，金庆江高中毕业时，却逢“文化大革命”停止高考，插队落户到胜浦公社十七大队四小队“接受再教育”。他先是在生产队干了两年农活，后来又被当地抽派到沙湖挖鱼池，挖了三年鱼池，将鱼池建成为沙湖养鱼场后，庆江又回到了生产队。1974年，木渎实验小学作为吴县的重点小学需要引进有特长的知青做民办教师，庆江因为平时喜欢摆弄二胡、笛子等民族乐器，继而成了该校文艺班的“赤脚老师”。

1977年是国家恢复高考的第一年，以往的高考都是在夏天举行，这已经形成了惯例，但是那一年的高考却是在冬天举行。“文革”以来的高中毕业生共12届，总人数达1000多万，当年报考的总人数达570万。可能是基于减轻考试所带来各方面的压力的考虑，国家决定先在各地区举行一次淘汰赛式的初试，初试出线者再参加复试，成绩达标并且政审合格者才能被各大院校录取。

庆江初试过关，按规定要在户口所在地胜浦公社办理复试手续。于是庆江回到胜浦并在胜浦中学（今江苏工业园区第六中学）里领取了复试的准考证，同时在报考的志愿表中填报的第一志愿是江苏师范学院数学系，第二志愿是南京师范学院物理系，第三志愿是南京中医学院中医系。

回到家中，他将这次高考初试顺利通过，即将参加复试，以及自己填报志愿的情况告诉了父母。母亲问他："为什么把中医学院放在第三志愿？"庆江说："报考的人数太多，竞争非常激烈。因为我现在是民办老师，所以第一、第二志愿都填报的是师范学院，这样招生时有可能会考虑优先录用我，比较保险。"

金里千深知庆江这个孩子文字功底好、悟性高，是学中医的好料子，所以也动员说："我觉得你还是继承家业报考中医学院比较好。"庆江还是有些顾虑："学中医要熟读经典，背方剂药性，最好从小学起，我今年快30岁了，学中医是否太晚了些？"金里千说："历代名医中有好多人都是弃儒从医的，大器晚成者也多得是。如朱丹溪、李时珍就是30岁开始学医的，张路玉也是27岁自学中医，42岁时才回苏州业医的。你的文字功底好，自学能力强，完全可以学好中医。”

面对年迈父母的殷切期望，庆江第二天赶回胜浦中学，与负责招生的王老师商量，能否尊重父母的意见重填志愿。王老师时任胜浦中学教导主任，其夫人也曾请金里千诊治过胃病，他随即将庆江的志愿表抽出来说：“空白的志愿表都用光了，要么你在原来的志愿表上改一下吧。”庆江一看志愿表中的三个志愿都是并列地填写在一行空格里的，那三个志愿已将空格填满，没有空隙的地方可再添加文字，唯一可行的办法只能用笔在其间打个钩，借以标示次序之更改了。于是抱着一种侥幸心理，他用钢笔在前两个志愿与第三个志愿之间打了一道钩……

严冬的时候，庆江收到了县招生办寄来的一封挂号信，拆开一看，是南京中医学院的录取通知书。以此为转折，庆江告别了种过两年田、养过三年鱼、教过四年书的漂泊生涯，辞别了插队落户的村民们及木渎实验小学的同事们，踏进南京中医学院的大门，又读了将近五年的书，最终走上了继承家业、悬壶行医的道路。

第四十四回　故地重游　再叙友情

1978年9月下旬，滑田友拄着拐杖，背着沉重的油泥和石膏，偕同夫人刘育和女士专程从北京乘火车抵达苏州，在吴县文管局办公室张志新主任等人的陪同下乘轮船到角直来，一则是带夫人前来探望恩兄金里千，二则是要完成再次修复保圣寺罗汉的一个夙愿。

滑田友夫妇到角直后谢绝了当地的招待，坚持要住在金里千家里。那时金里千先生已经退休，又将家里的老宅翻建过，住宅比较宽敞，金里千夫人将楼上的东厢房整理好，安置滑田友夫妇住下来。晚上金夫人特意做了“冰糖酱方”“虾仁焖蛋”“蟹粉蹄筋”“甫里鸭羹”“生炒面”等添号财源饭店的招牌菜款待他们。

老友重逢，分外激动。自从1948年滑田友从国外归来，弟兄短暂相聚之后，滑田友又重启航程，离别又历三十年。滑田友告诉金里千，自己1948年回国以后，徐悲鸿先生为他在南京、北京举行滑田友雕塑展，展览会在当时轰动了美术界及文艺界。展览会结束，滑田友来到北平艺专工作，后任中央美术学院雕塑系主任、教授。他创作的《耕者有其田》大幅油画，在开国大典时被陈列在天安门城楼上，后来又完成了首都人民英雄纪念碑上的《五四运动》大型浮雕创作、革命历史博物馆《前赴后继》主厅圆雕这一创作任务。此外还塑造了《一直向前》《生产长一寸》《工人与农民》《站在祖国最前线》《游击队员》《丰收玉米》及《白求恩》等许多雕塑作品，同时也培养了很多优秀的雕塑人才。夫人刘育和是民乐大师刘天华的女儿，中央音乐学院钢琴系教授。滑田友是上次离开角直后到中央美术学院任教时与其结识并相爱的，并于1950年结婚，育有滑夏、滑玉两个女儿。

金里千告诉滑田友，自己在新中国成立后筹建了角直联合诊所及吴县人民医院，之后调到吴县政府公费医疗门诊部工作，后来又到斜塘医院工作，1975年退休后回到角直在家义诊。子女中有四个儿子一个女婿继承家业做中医，一子一女及两个媳妇为西医，还有两个媳妇是护士。滑田友听了哈哈大笑，说："里千老兄你的贡献也很大呢，一家人聚起来差不多可以开一家医院了！"

第二天上午，金里千陪同他们一起重游保圣寺，当滑田友步入古物馆大殿，竟然在罗汉塑壁面前号啕大哭起来，大家怎么劝都劝不住。原来在1961年国务院开展第一批全国重点文物保护单位的评审工作时，滑田友发现自己修复的九尊罗汉中有一尊的下颌处损坏了，这事他一直挂记在心，总想找个合适的时机来修好它，但由于工作忙脱不开身，不久“文革”开始了，一直未能如愿。

这一次，他亲自背着沉重的泥油和石膏等专用材料和工具来到角直，就是想在有生之年亲自动手完成他修复保圣寺罗汉的夙愿。当他面对保圣寺由于“文革”期间长年闭馆而又缺乏维护保养，塑壁整体都遭受潮湿与氧化等损害，已经无从下手，不能而且也不敢动手修复的境况，就像是父母眼睁睁看着孩子病重而无药可施一样，万箭穿心，禁不住老泪纵横，失声痛哭起来。

从罗汉殿出来，滑田友指着门右侧的唐刻石幢感叹着对夫人说：“上次我们哥俩在这里拍过照，距今已三十年了。要说我自第一次来到这里，更是将近五十年了。那时我一件破长衫，一双旧皮鞋，一把油纸伞，孤身来到这里捣泥巴修罗汉，可以说是穷困潦倒，举目无亲。里千先生待我像自己的亲兄弟一样，包吃包住，包供了近三年。如果没有恩兄慷慨帮助，田友岂能有往后的发展与今天的成果？回北京以后我要为里千恩兄亲手塑一个头像，作为永久的纪念……”

第四十五回 室女闭经 妙手回春

1979年春，昆山花桥庙前村有一个名叫沈小妹的姑娘，年方十八，初中毕业后在家务农。一天，她母亲李翠娥发现小妹月经停了三个月不来，小腹部好像有点突出来，还时不时地有恶心，心中着急起来。一天收工回到家里，翠娥把女儿叫来逼问道：“小妹你老实交代，是不是与男朋友早恋怀孕了？”小妹面孔涨得通红，急忙分辩说：“妈妈你不要瞎说，我和龙根从来没有在一起过！”

翠娥的丈夫是生产队的会计，见识较广，晚上听到妻子说到女儿的情况，马上意识到问题的严重性，对妻子说：“老话讲‘室女闭经，非孕即病’。事不宜迟，明天赶紧带女儿到医院去看病！”

第二天，翠娥向队长请了假，带着小妹乘坐公共汽车来到苏州医学院附属第一医院妇产科就诊，医生询问了病情，又叫小妹躺在诊察床上检查过后，对翠娥说：“你女儿很可能患的是妇科肿瘤，需要通过验血、X光片、超声波检查，等诊断报告出来以后才能制订治疗方案。你们今天做好检查后先回家，隔天再来复诊。”翠娥母女回到村里，亲戚朋友都来关心打听小妹的病情，翠娥嘴直，还没过夜，小妹患有恶病的消息便已传开了，甚至有人传言说龙根的阿爹知道了想要退婚。

第四天，翠娥母女再去复诊，医生告知小妹患的是子宫恶性肿瘤，建议住院开刀切除。翠娥母女听到如此结果，如同五雷轰顶，失声痛哭起来……医生见翠娥已经急得六神无主，对翠娥说："这事急不得也拖不得，我看你们还是赶快回去与家人商量商量，尽快做出决定和安排后再来找我。"

翠娥母女一路往家赶，一路痛哭着。就在回家乘坐的公共汽车上，有一个昆山的邵阿爹是一个热心人，过来劝慰说："你们不要太着急绝望，俗话说天无绝人之路，这个病看西医只有开刀切除，看中医说不定吃中药也能消掉的。"翠娥说："现在哪里还能找得到这样的大本事中医啊！"邵阿爹说："大本事的中医不是没有，不信我就来讲讲这个名医的故事。"车上的人听邵阿爹这么一说，都一起"快讲！""快讲啊！"地催促着。邵阿爹喝了口水，清了清嗓子，开口说道："昆山某镇陈老汉家有个独生女儿名叫婉儿，因找对象高不凑低不就，到三十岁还未找到婆家，婉儿长时期空守闺房，很少与外界接触，心里老是闷闷不乐。一年春天的一个傍晚，天空中突然乌云密布，雷声隆隆，顷刻间阵雨大作，婉儿急着关窗，窗的搭钮高人矮，婉儿踮起双脚，伸出双手用足力气关上了两扇窗户，可是婉儿的双手却再也放不下来了。陈老汉看到自己的女儿突然变成这个样子，心急如焚，连忙四处求医，但始终不能治好婉儿的怪病，一家人愁眉不展。

“时隔一年，陈老汉家乡有个亲戚，看到婉儿这种怪病十分纳闷，就建议陈老汉去甪直金里千处试一试。万般无奈下的陈老汉抱着试试看的心理，雇了一条小船把金医生请到家中为女儿治病。

“金医生来到陈家，每天与陈老汉同去婉儿闺房，了解病因，查看病情，这样连续三天不动声色。到了第四天，金医生找个空隙时间，没有陈老汉陪同，也没有通报，突然闯入陈小姐闺房，婉儿大吃一惊。接着金医生又用双手用力去拉婉儿的裙子，陈小姐急傻了，出于自己的本能，原本高举的两只手情急之中使劲扭动着垂了下来，拼命推开金里千拉扯裙子的双手。

“陈老汉只听到金医生在女儿房间里大叫：‘婉儿的双手治好了！’连忙奔过来一看，女儿的双手果然已垂于肩下，活动自如了。接着金里千向陈老汉道歉道：‘刚才本人不得已用了一个非常唐突的办法，万望陈老先生谅解。’陈老汉老泪纵横地说：‘救命恩人，我感谢都来不及，怎会怪罪于您呢？’

“金里千治好婉儿怪病的消息，一传十，十传百，一直传到吴江同里的一位顾先生的耳朵里。顾老年近半百生了个儿子名叫宝儿，年方四岁，有一天忽然右手不能伸缩，大人碰碰它，他就痛得直哭，给他任何好吃好玩的东西他都不拿。这病急坏了顾老伯，多方求医，医生都说没病，关节完好无损，几个月后这只右手还是不能动弹。顾老听说角直有个神医，就带着宝贝儿子来到角直。这天正巧金医生闲着无事，坐在堂前吃水烟，他左手拿着水烟筒，右手拿着卷纸条，只见一位老人气喘吁吁地抱着一个孩子来到堂前求医。金医生随便和老汉聊了几句，突然伸出着火的卷纸条朝准宝贝的右手烫去，孩子被这突如其来的袭击吓得大哭，惊恐中右手拼命往后缩，一缩手，右手就能伸缩自如了。

“金医生医术精湛、医德高尚，治好了许多疑难病症，当地百姓都称他为‘第二个叶天士’。”

翠娥听得真切，忙问：“这个金里千在哪一个大医院里上班？能找他看病吗？”邵老先生说：“金先生原来在苏州吴县政府公费医疗门诊部上班的，后来到斜塘医院工作，再后来退休后回到角直老家义诊。他非但本事大，而且医德高尚，看病诊金和谢礼一概不收，一律免费。这样好的医生实在不多见，你们不妨过去试试看？”

翠娥回家将这次就诊往返的经过情况给家人说了，沈会计当即说：“一则住院开刀费用及术后医疗费用巨大，我们除了卖房借债别无他法。二则小妹开了刀倘若又转移复发怎么办？三则就算保住了性命，恐怕她也不能结婚和生育了。我看还是先去角直找金里千用中药治治看再说。”

第五天一早，沈会计陪同妻女来到甪直，稍一打听，镇上的人异口同声地都夸金里千本事好，并引领他们来到金里千的寓所。推开墙门，但见天井里已有好几个农民坐在石条凳上候诊，再一看西边的小书房里有一个白发清瘦的老先生正在那里为病人把脉看病，想必就是金里千老先生了。

不一会儿，轮到沈小妹进书房看病，金里千让小妹坐到左手边的凳子上开始把脉问诊。沈会计但见这里只有一张四尺宽的双人床，一口玻璃书橱，靠窗的写字台和两只椅子就是金先生的脉案台了。这样一个小房间竟然既是金老先生诊室，又是他的卧房与书房，实在太简朴了。

正在沈会计惊叹之时，金里千说道：“小妹所患之病在《内经》中被称为‘石瘕’，此病是由于寒气血瘀客于子宫，故而月经闭阻，形成瘕块。今据小妹的脉象细涩，另外又有腹部攻痛，呕恶时作，大便不畅，舌苔红润，当属冲脉瘀阻，冲气上逆之证。至于治法，《内经》谓‘可导而下’。所以今天我以抗瘤消瘀的经验方为主，佐以平肝降逆之品组方，先开三帖，服后如有好转，再来复诊。病情若有加重，建议仍到苏医附一院诊治。”

沈会计接过金先生的药方，上书：沈小妹，4月9日初诊。龙葵五钱、蛇莓三钱、蜀养泉一两、蛇舌草一两、生薏仁一两、制半夏三钱、炙陈皮三钱、炒枳壳三钱、白茯苓六钱、鲜竹茹三钱、徐长卿二钱、代赭石六钱，三帖。沈会计即在镇上的药店里配好药后，连忙回家煎好药给小妹服下。

三帖药服下，沈小妹腹中攻痛得止，泛呕亦减，大便日通，随即再往复诊。金里千说症状减轻虽是佳兆，但癌症

药无近功，尚需攻补结合，耐心调治。接着于原方中减去徐长卿，加入旋复花三钱，续配五帖。

4月17日三诊，金里千见病有好转，但月经停闭三月，腹中包块未除，脉象细涩，认为瘀结未消，再须侧重化瘀通经。遂于原方减去枳壳、薏仁、茯苓、竹茹气分药，加入桃仁、红花、五灵脂、制甲片各三钱，续服十帖。

药后腹中包块渐见缩小，大便排下如紫酱。金里千认为病症已有改善，症结似下行之机，尚需行瘀通经，再在前方基础上加用三棱、莪术、五灵脂调治。至5月初，小妹月经得以通行，诸恙随之而愈，后在父母的陪同下多次前往甪直金宅面谢救命之恩。

第四十六回　脊柱癌症　康复成真

1978年初，庆江来到南京中医学院中医系学习，这是“文革”后恢复高考的第一届大学生，大家都非常珍惜这来之不易的深造机会，极其刻苦用功，谁都不肯落于人后。再加上教师授课也特别地卖力，经常会在课堂上提问或抽考，更使大家不敢有丝毫的马虎与松懈。以至于大学生星期天不敢轻易上街，熄灯后还会躲在被窝里或者厕所里看书，晚自习停电时就蹲在校门旁边军工厂里的路灯下面看书。

放暑假时庆江回到角直老家，父亲金里千还是在家里为病人义诊，庆江就利用这个机会向父亲学习。一般中医常叫初学者从抄方学起，但金里千认为初学者不应该将宝贵的时间放在抄写脉案、死记方药上，而须侧重于临场观察和积极思维。每一个病人来诊时，庆江必须关注收集父亲望闻问切的诊查资料，通过八纲、脏腑、经络理论来辨别病者的证型，推测父亲可能采用的治则方药，通过反复的见习和历练来培养自己的诊治能力。

1978年8月29日上午8点多，有一位病人佝偻着身子，由两人扶着跨进了院子，扑倒在石条凳上不停地喘着气。金夫人看到此人骨瘦如柴，毛病极重，怕耽误病情会有不测，就向其他病员打了招呼，让他提前就诊。

原来此人名叫朱荣林，54岁，胜浦二大队江田里村人，孤身一人，患有腰背痛病史多年，大队里见他体质差，干不了农活，就照顾他安排在养鱼场看鱼塘。一年前，朱荣林先是脊柱突出肿痛，当地医院诊断为“脊柱结核”，虽服中药无算，反致溃破流脓，愈加严重。前几天，村里派人陪他到苏医附一院门诊部就诊，医生诊断为“结肠癌转移脊椎”，已属晚期恶液质阶段，不适用手术治疗，保守治疗亦不乐观。他又听说上海群力草药店的草药医擅治癌症，也曾去求治过，配的都是半枝莲、半边莲、蛇舌草、猫爪草、铁树叶等草药，每天都要用一只大砂锅来煎药，非但不见效果，反把胃口都吃倒了。后来，他打听到甪直有一位名叫金里千的老中医退休后在家里看病，不但医术高明，擅治疑难重症，而且医德高尚，在家里义诊看病，分文不取，于是抱着一线希望前来求治。

庆江面对如此危重的病人，心中不禁暗自担忧，猜度父亲可能也会重用大剂量的抗癌药来治疗。但事实并非如此，只见父亲金里千在病历上写道：“脊柱结核，恶化成癌，由苏医附一院确诊。脊柱肿大突出作痛，溃破有脓，既不能坐，又不能卧，终日将身躯佝偻成弓状，尚能少量进食，形容消瘦，前来就诊，投以王清任身痛逐瘀汤扩充治之。

“川芎10克、桃仁10克、红花10克、当归10克、甘草6克、香附10克、地龙6克、白英30克，三帖。另配壁虎100条烘脆磨粉，关照病人部分药粉外敷于脊柱结核破溃处，部分药粉灌装入空心胶囊内服，一日三次，每服三粒。”

庆江甚为不解，问父亲：“这个病人已是肿瘤晚期转移，为什么抗肿瘤的中药只有白英与壁虎二味，而主要用活血化瘀药治疗？”金里千解释道：“身痛逐瘀汤是清代王清任《医林改错》的名方，主治肩痛、臂痛、腰痛、腿痛，或周身疼痛，用诸法不效者。此人病情极重，病邪入于血络，必须急制其标，所以我先用身痛逐瘀汤煎服以缓解其背脊的肿痛，另再配用壁虎粉外敷内服敛创消瘤，待病情缓和一些再从根本上图治。”

没等到朱荣林过来复诊，庆江假期已满，便回到南京中医学院学习去了，心里却一直牵挂着这个病人的安危。寒假时庆江又回到了老家跟父亲学习，问起朱荣林的病况，金里千笑着说：“他在我这里治疗十多天病情便有了好转，9月12日三诊时，药方便调整为：丹参12克、当归10克、赤芍10克、川芎6克、桃仁10克、红花10克、狗脊10克、川断10克、地龙10克、灵脂炙10克、龙葵15克、蛇莓15克、蜀羊泉30克。其中的龙葵、蛇莓和蜀羊泉，是我常用的抗癌经验方，我将它称为‘龙蛇羊泉汤’。此方连续服用了一个多月，病情大有好转，脊柱肿核得消，能坐能卧，能食便调，精神亦佳。9月底虽曾因肺部感染而致发热咳嗽，但经调治了半个月后亦得以控制。此后不再服汤药，仅服壁虎胶囊。并嘱注意饮食调养，到冬季已基本恢复正常，一切良好，自称力能打虎，从此和我交为知友，得便常到我家盘玩。”

正当金里千父子俩谈论朱荣林的毛病之时，朱荣林推开院门进来了，手里还拎着一条十几斤重的大青鱼呢。金里千笑着说：“真所谓‘说到曹操，曹操就到’，我儿子刚才正向我询问你的病情呢，你就自己送上门来了。”朱荣林说：“喔，是庆江老弟回来了，谢谢你的关心。今天我们大队的鱼塘起网，我分到了两条大青鱼，先拿一条过来请金先生尝尝鲜。”金里千说：“我退休以后一直坚持在家义诊，从来不收病人的财礼，你还是拿回去自己吃吧，不要破了我的规矩。”朱荣林说：“这个鱼不是我去买的，是我分管的鱼塘里养的。再说这么大的两条鱼我一个人也吃不了，金先生家里人多，正好过年用得着，所以我赶忙送过来了。”

庆江眼见得站在院子里的这个步履稳健，说话爽朗，手里拎着十几斤大青鱼的人，居然就是那个4个月前既不能坐，又不能卧，扑在石条凳上直喘气的朱荣林，简直难以置信。待他走进厢房里时，庆江将他的衣服拉起来查看了一番，但见原本肿大的脊柱基本复平了，结核破溃的地方亦愈合了，仅留下了一个小小的疤痕。

朱荣林拉着庆江的手说："想当初西医诊断我已经是癌症晚期，既不能动手术，保守治疗也没有希望，等于是被判了死刑。多亏你父亲医术高明，把我从死亡线上拉了回来，你父亲真是我的救命恩人！他的医疗经验非常宝贵，你一定要好好地继承下来，一代一代地传承下去，千万不能让它失传啊！"

第四十七回　下病上治　欲降先升

金庆江自从进入南京中医学院学医以后，每逢暑寒假及节庆假期都是在角直老家度过的，主要是利用这一段时间跟父亲金里千学医。1979年寒假开始，金里千认为儿子通过两年的基本理论学习，对中医的整体观念和理法方药有了一定的基础，可以小试牛刀了，于是就叫庆江进入试诊阶段。

所谓试诊，就是先让庆江给初诊的病人望闻问切，诊察检查，然后将病人的一般资料、主诉、病史、伴症、苔脉检查、诊断、证型分析、治则、选方用药、服法宜忌等诊治意见记录在试诊单上，再经金里千亲自诊治，并对庆江的诊治意见评点打分。这种教学方式对庆江的学业促进很大，使他感悟极深。

这一天，庆江接诊的是一位年纪67岁的老先生，名叫陈阿奎，家住角直镇水沟头，诉患前列腺肥大病史已多年，平素就经常有小便频数不畅之症，近因感冒之后小便忽然闭塞，滴水不通，小腹胀急，痛苦不堪。庆江诊查其舌苔糙白，脉象细软，认为本病是由于高年脾肾阳虚、水湿内停所致，治以温补脾肾，通阳利水为法，方拟真武汤合五苓散加减：制附子30克、桂枝10克、猪茯苓各10克、白芍10克、炒白术10克、泽泻6克、车前子15克、木通6克、生姜皮6克、生甘草3克，二帖。

庆江本以为自己的理法方药合乎常规，应该可以通过父亲的审核。岂知金里千并不采纳，而是另拟一方：生紫菀10克、玉桔梗6克、白杏仁10克、怀牛膝10克、车前子10克、生甘草6克、藤梨根30克、猪精肉60克（自加），两帖。并嘱咐陈阿奎说："你赶紧回去配好药材，如果今天服第一帖后夜里小便得通则最好。若不通，则夜半再煎服第二帖，明天早晨如小便仍不得解，你必须尽快乘轮船赶往苏医附一院去急诊处治。"

庆江请教父亲道："前列腺肥大以致小便癃闭，病在下焦，似应以通利下元为法，父亲怎么会用宣肺止咳的紫菀为君药，又以辛散上焦的桔梗、杏仁为辅药呢？"金里千问："人体的水液代谢主要是由哪几个脏器来维持的？"庆江答道："主要是肺、脾、肾三脏。"金里千又问："那肺在人体水液代谢中有何作用？"庆江又答："肺主通调水道，下输膀胱，故有'肺为水之上源'之说。"

庆江经此一点拨，顿有所悟道："原来父亲用紫菀、桔梗、杏仁这三味药并不在于止咳，而在开宣肺气以通调水道，使上窍得开而下窍自通，属于提壶揭盖之法。"金里千笑道:“很好,我点拨一下你就悟到点子上了。紫菀治疗癃闭乃是师祖李士材先生的独创,士材先师在《医宗必读》卷之三《本草徵要》就有:紫菀‘虽入至高,善于下趋,使气化及于州都,小便自利,人所不知’的经验之谈。又在卷之八《小便癃闭》篇中收录了郡守王镜如痰火喘嗽,小便不通,自服车前、木通、茯苓、泽泻等药点滴不通,后配服紫莞五钱、麦门冬三钱、北五味十粒、人参二钱,一剂而小便涌出如泉。这些都是前人宝贵的医疗经验,希望你今后要多读书、多研究先辈的医案,这对于拓展临证思维很有帮助。”

第二天一早,陈阿奎又来到金里千家,笑嘻嘻地告诉金氏父子:“昨天上午我配好了药回去马上煎了一帖,服下后尚不见动静。晚饭过后又煎服了一帖,夜里便上了好几回马桶,撒了好几次尿,一夜之间居然解下了大半马桶的尿,将憋煞人的小便都排空了,整个人顿时感觉如释重负,轻松自如了,故而心里特别高兴,前来向你们通报并致谢。”

金里千关照阿奎:“还有一帖药吃完后再来复诊。如果小便不再堵了,就不须服了,可以经常用藤李根和猪精肉煮汤这一食养疗法,消散前列腺肥大,防止复发。”庆江有些疑惑,问道:“藤李根和猪精肉这两味一般医生很少会加到处方之中的,父亲用来派什么用场?”

金里千说："前列腺肥大是高龄男性的多发病，而前列腺肥大压迫尿道而致小便不通者相当难治。藤李根加猪精肉一起煎服是治疗肿瘤的民间单方，我常用它来治疗前列腺肥大甚或肿瘤，既可以单独用，也可以与其他方药合用，效果很好。昨天我将此方插入到辨证方药中来，是希望能够增强消肿利尿的疗效；因其简单有效，长服无虞，所以关照阿奎日后经常煮服，旨在控制前列腺肥大，以防止前症复发。"

接着金里千从书箱里取出四本红色的笔记本，交给庆江。其中《单方汇编》为二册，542方；《验方选辑》一册，404方；《秘方采集》一册，205方。金里千说道："单方组成简单，药专力宏，针对性强，只要诊断明确，病情单纯，是为首选，有时它的疗效甚至优于复方。验方大多为自己临床检验有效者，或者是亲友及民间的经验方，很有实用价值。所谓秘方，多为家传师授的经验方，或含特殊药材、须特殊修合的方剂。这些都是自己以往临症常用的经验方，具有简、便、廉、验四大特色和优势，值得推广与深入研究。我今天交给你保存好，一则供你日后临床参考应用，二则希望能有适当的机会出版刊印，以广其传，造福大众。"

1979年金里千被评选为江苏省名老中医，这是江苏省卫生厅组织的首次评选名老中医，共入选97人。

第四十八回　释疑解惑　寄望后人

庆江自1981年7月由学校分派到苏州市中医医院实习，门诊实习的带教老师是毛文彬和陆颂文。毛文彬老师擅治消化系统病，陆颂文老师擅治呼吸系统病，庆江在轮转中又得到了黄一峰、奚凤霖、陈松龄、王硕卿、朱筱良、汪达成、吴焕荣等各位名医的指导。每逢节假日，庆江便骑自行车回甪直老家去，除了跟随父亲义诊之外，还会向父亲请教学习中的一些困惑。

有一次，庆江告诉父亲说："最近我们实习组的同学经常在一起对中医的治疗学展开讨论，有些问题限于自己的认识水平，既说服不了别人，也说服不了自己，只能回来向父亲请教。"金里千说："什么问题你不妨提出来，我们一起来探讨探讨。"

庆江说："有同学认为中医治疗学随意性很大，例如同一个病人请十几位中医诊治，有可能辨证、选方和用药都不一样，但都能获取一定的疗效，这种现象如何解释？"

金里千答道："治病如打仗，用药如用兵，总的目标是要驱邪扶正，恢复健康。打仗用兵的战略目标是克敌制胜，而战术上可以采取正面攻或侧面攻、围歼战或突破战、突击战或消耗战、各个击破或是里应外合等，不同的战法都是可选的方案，都有可能取得一定的战果。”

庆江说：“虽然不同的治疗方法都可以获效，但是我们是否能够以最小的代价来获得最好的效果呢？”

金里千说：“对西医来说，通常是用对照组统计学的方法来做比较与筛选，而中医治疗的效果还是取决于医生个人的医疗经验。这种情况有点像烹饪界一样，各个厨师都可以随意取用各种食材和作料，但名厨能够烹制出大家公认的名菜，蹩脚厨师烧的菜还不如你母亲呢！苏州中医医院名医辈出，希望你利用这次实习的机会，虚心向各位名师学习。要像叶天士那样‘闻某人善治某证，即往执弟子礼，甚恭……’，集众美以成名。”

庆江又问：“我们实习组的同学最近还在讨论一个问题：中医强调经验，西医注重实验，中医虽能治好许多重病，但往往说不清所以然，因此经常会思考中医是否科学的问题，请教父亲您怎么看？”

金里千想不到儿子会提出这样一个问题，思索了一会儿说道：“历来很多科学的发明并不起始于实验，而是来源于长期的实践经验之提炼与总结。中医理论及其医药体系就是在长期的、大量的、反复的临床实践中抽象总结出来的，可以认为是经验医学。由于来源于实践，具有很强的实用价值，所以只要引用得当，自必可以获得疗效的重复验证，这也是民间相信中医的重要原因。”

中医药的研究是一个十分艰巨的课题，就如《伤寒论》中的白虎汤，药仅四味，两千多年来一直沿用于治疗发热病高热，其效果也是世所公认的。但为什么有效？其中的主药石膏为什么能退热？知母与甘草对石膏起何协同作用？粳米究竟起何作用？能否弃用？遗憾的是，不管是中医还是西医，都没有人说得清楚。可以说按照当今之科技水平，都还不能进行完整的分析与论证。

经验医学并不是不科学的，前人的实践经验往往寓有科学的原理，只是人体生命科学和中药内涵非常复杂，无论是古人、现代人乃至后人在相当长时期内都无法彻底搞清，所以我们在阐明中医治疗学机理时难免会有知其然而不知其所以然的缺憾，这也是不值得大惊小怪的。即如中国的先民发明火药时，并不能阐明爆炸的化学反应；发明指南针时，亦并不清楚磁场与地球极性的因果关系。但这都不影响其应用价值。所以说，对于中医的一些理论和治疗手段，在以目前的科技水平尚无法予以解释与论证的境况下，借以科学的名义武断地予以否定和取消都是错误的。

庆江经这么一点拨，疑窦顿开，豁然开朗，说道：“是啊，相信中医药的科学原理随着科技的发展一定会

得到验证的。例如中医应用青蒿防治疟疾历史悠久，至少在一千七百多年前的《肘后方》里就有了记载，但直到近代研究才发现其抗疟的有效成分是青蒿素，又通过反复的提纯和检验，成为我国首创的当今世上最有效的抗疟药。”

金里千接着说：“毛主席说：‘中国医药学是一个伟大的宝库，应当努力发掘，加以提高。’我们老一辈中医可以做好一些探索和传承的工作，至于发掘和提高的工程就要靠你们下一代了。同时也希望其他学科的有识之士和我们并肩作战，充分应用现代科技深入研究，就像使火药发展成原子能，指南针演进为卫星导航那样，努力发掘中医药这一宝库，为全人类的健康服务，这才是真正科学的态度。”

意外受伤　寿终正寝

1983年8月22日上午，金里千在保圣寺会友喝茶后回家，途经杨家花园时被一疯子突然抱住，往头部打了几拳。金里千原有的高血压病、脑动脉硬化症并发，从此以后便步态不稳，记忆减退，常对上门求诊的病人婉言回绝说：“以前我是郎中，现在我是龙钟了，看不了病了……”渐至生活不能自理，后于1985年5月22日凌晨2点多逝世，享年86岁。过世时子女16人，孙甥119人，其子庆畲、庆雷、庆江、庆荣，婿杨清仁，门人金永康、戴绍达、罗文英、管文亮，悉承其业，学业有成。

金里千先生的追悼会于5月24日上午在家里举行，除了金里千夫人沈瑛和闻讯能够返家的12个子女及其家眷外，许多亲戚朋友闻讯后纷纷前来参加，院子里站满了，迟来的就站到院子南面的天井里。江苏省卫生厅发来了唁电，苏州市中医科叶家栋科长、吴县卫生局张鲁明副局长都参加了追悼会并致悼词。

金里千去世多年后，还尚有人慕名专程从外地赶来甪直就医，闻知金先生仙逝，连呼与名医无缘，怀着深深的惋惜之情抱憾而归。

1993年,庆雷和庆江在参加苏州市卫生局、苏州市中医学会《吴中医集》的编写工作时,将金里千校注的角直名医闵曙公的《内科心典》与徐时进的《医学蒙引》稿本重新整理,入选于《吴中医集·临证类》,由江苏科学技术出版社出版。2010年金里千的《春常在室医验录》一书,经庆江整理后亦由江苏科学技术出版社出版。